Et si j'apprenais

Le Point de croix

ÉDITIONS
PLACE DES
VICTOIRES

Titre original :
Punto de cruz

Traduction et adaptation française :
Martine Richebé

Conception et direction générale :
Jordi Vigué

Direction de la rédaction :
Verónica Artaud

Schémas :
Maika Rovira
Anna Font

Travaux pratiques :
Anna Font

Rédaction :
Hipólito Voltregá
Victoria Vigué

Photographies :
Laura Helena Carrillo

Conception graphique :
Estudio Gorg Blanc

Maquette :
Martín Sánchez

Crédits photographiques :
Arxiu Gorg Blanc

Traitement informatique des images :
Marta Ribón

Coordination éditoriale :
Miguel Ridola

Avec la collaboration exceptionnelle de :
DMC

ISBN : 978-2-8099-0060-6
Dépôt légal : 2e trimestre 2005
Achevé d'imprimer en Chine
en février 2009

La broderie au point de croix, également connue sous le nom de broderie à points comptés, est l'un des travaux d'aiguille les plus faciles à maîtriser. Elle est non seulement d'une grande simplicité, mais permet aussi de réaliser des ouvrages qui ont beaucoup de charme.
C'est une activité idéale pour se distraire et se détendre durant ses heures de loisirs, qui ne nécessite pas un savoir-faire particulier, ni un matériel onéreux ou encombrant. Apprendre à broder au point de croix est à la portée de tous et même si vous ne pensez pas être très habile, vous en maîtriserez la technique en peu de temps. En faisant preuve d'un minimum de persévérance, vous serez vite récompensé de vos efforts et obtiendrez rapidement des résultats très satisfaisants.
Ce livre est destiné à ceux qui veulent s'initier au point de croix, s'ils sont débutants, ou se perfectionner, s'ils sont un peu plus expérimentés. Les techniques de base y sont expliquées de façon détaillée, ainsi que le processus d'exécution de divers ouvrages, dont le niveau de difficulté va croissant. Si vous suivez les conseils et instructions qui vous sont donnés, vous pourrez ensuite aborder des travaux beaucoup plus complexes. Avec la pratique, vous vous familiariserez avec ce type de broderie et vous pourrez interpréter à votre façon certains modèles ou créer vos propres motifs.
Nous sommes certains que même si le point de croix n'est aujourd'hui pour vous que quelque chose que vous voulez essayer pour savoir si cela vous plaît, il deviendra vite une véritable passion.
La seule ambition qui nous a animés pour concevoir cet ouvrage est que vous puissiez tirer le meilleur profit de son contenu. Si vous êtes tant soit peu attiré par le point de croix, franchissez le pas. Vous ne le regretterez pas. Vous serez vite séduit par la facilité avec laquelle vous pourrez réaliser de superbes ouvrages.

Jordi Vigué

SOMMAIRE

DIFFICULTÉ 3

APERÇU HISTORIQUE

La broderie au point de croix est une activité artisanale qui a évolué au fil des siècles, pour devenir une technique décorative. Le point de croix fut tout d'abord utilisé par les premières civilisations comme point de couture élémentaire, pour lacer les peaux de bêtes qui servaient de vêtements ou d'abris. Dans les gisements archéologiques d'Asie centrale (850 av. J.-C.) ou d'Égypte (500 av. J.-C.), on a retrouvé des fragments d'étoffes brodées de motifs au point de croix, encore utilisés aujourd'hui pour l'ornementation des costumes traditionnels.

Moyen Âge

Aux Xe et XIe siècles, la broderie au point de croix devint un passe-temps pour les dames de la noblesse. C'était sans doute une de leurs principales occupations quand leurs époux s'absentaient pour prendre part aux croisades ou aux luttes féodales. Elles copièrent et brodèrent ainsi les motifs décoratifs qui figuraient sur les tapis en provenance du Moyen-Orient. Les manches et le bas de nombreux vêtements, masculins ou féminins, datant de cette époque, sont ornés de galons brodés de motifs de ce style.
En Europe, l'art de la broderie finit par gagner peu à peu les couches sociales moins aisées.

Pièce brodée d'origine égyptienne, datant de l'époque médiévale.

Bande de laine brodée au point de croix, découverte dans une tombe royale. Las Huelgas. Burgos.

Dans les campagnes, les femmes commencèrent à décorer au point de croix le linge de maison (torchons, nappes, serviettes de toilette, draps, etc.) et les rideaux. On a retrouvé un large éventail d'éléments de cette époque brodés au point de croix de toutes sortes de motifs, des plus élémentaires aux plus complexes, dont certains sont particulièrement raffinés.

Renaissance

Sous la Renaissance apparurent les premiers *samplers*, pièces de toile sur lesquelles les jeunes filles s'exerçaient à broder au point de croix les lettres de l'alphabet, accompagnées de motifs floraux ou religieux, de grecques ou autres frises, etc. La broderie de *samplers* s'étendit à toute l'Europe, où l'on considérait qu'elle devait faire partie de l'éducation féminine.
Ces *samplers* se transmirent de génération en génération et constituèrent des éléments à part entière du patrimoine familial.
Les premiers modèles imprimés de lettres de l'alphabet et de motifs floraux et animaliers sont originaires d'Allemagne et d'Italie et datent de 1500.
Au XVIIe siècle, de nouveaux colorants furent importés d'Amérique. Leur faible coût et leur facilité d'utilisation permirent de teindre les fils dans des couleurs vives plus attrayantes. Les teintes les plus utilisées étaient alors le rouge et le bleu pour broder sur des fonds blancs, et le noir et les bruns pour définir les contours.
Dans la seconde moitié du XVIIIe siècle commencèrent à apparaître les premières broderies de paysages, qui devinrent de plus en plus complexes et de plus en plus réalistes : on pouvait y voir des dessins extrêmement détaillés et un large éventail de nuances. La beauté de ces ouvrages suscita un intérêt croissant pour la broderie au point de croix.

Superbe broderie au point de croix sur toile de lin, de la fin du XVIIIe ou du début du XIXe siècle, provenant d'une région du Caucase, sans doute du Karabakh.

Détail d'un sampler *brodé de lettres, de chiffres et de divers motifs au point de croix, sur lequel figurent aussi le nom de la personne qui l'a brodé, Ann Griffin, et la date de sa réalisation, le 26 mars 1849.*

XIXe siècle

Le XIXe siècle peut être considéré comme l'âge d'or du point de croix, car, grâce au développement de l'industrie textile, la gamme des fils et des toiles s'élargit alors considérablement et la broderie au point de croix devint une pratique courante dans tous les foyers. En Europe comme en Amérique, elle fut également intégrée à l'enseignement dans les écoles primaires. Tout cela contribua au fait qu'elle constitua pour beaucoup une activité privilégiée et une véritable passion. Au cours de ce même siècle fut publié un grand nombre de revues proposant des modèles d'ouvrages au point de croix, ainsi que des diagrammes peints à la main sur un fond quadrillé. La plupart des modèles qui circulaient à l'époque dans toute l'Europe provenaient d'imprimeries berlinoises.

XXe siècle

Durant les premières décennies du XXe siècle, avec le changement des mentalités et l'évolution de la mode et du style des motifs décoratifs, les femmes boudèrent la broderie au point de croix, au profit d'autres ouvrages. Elles s'y intéressèrent à nouveau après la Seconde Guerre mondiale, mais c'est surtout à partir des années 1980 que cette activité connut un véritable engouement. Aujourd'hui, grâce à l'imagination des créateurs, à l'essor de la publicité et du marketing, au développement des revues spécialisées, ainsi qu'à l'apparition de nouvelles toiles à broder et à l'élargissement de la gamme de couleurs des fils, elle a retrouvé la place qu'elle mérite. Même si, au cours des siècles, la broderie au point de croix a été délaissée à certaines époques, elle n'a jamais cessé d'être pratiquée, que ce soit à l'échelle artisanale ou comme simple passe-temps. Elle a toujours été considérée comme un art traditionnel, transmis de génération en génération, le style des motifs et les couleurs employées variant suivant les époques, les pays ou les cultures.

MODÈLES ET DIAGRAMMES

Le diagramme

Pour exécuter un ouvrage au point de croix, il est indispensable de se référer à un modèle, un motif de broderie imprimé sur un fond quadrillé qui permet de compter et de situer correctement tous les points de l'ouvrage à réaliser. Chaque carré coloré ou portant un symbole représente un point à broder sur le tissu, les carrés vides correspondant aux espaces non brodés. Les diagrammes des motifs sont vendus dans les boutiques spécialisées ou publiés dans des livres et revues sur le point de croix. Sur Internet, vous pouvez aussi trouver des motifs intéressants de différents niveaux de difficulté, portant sur des thèmes variés.

Pour que, au moment d'exécuter la broderie, il soit plus facile de lire et de transposer sur la toile le motif servant de référence, celui-ci est en général imprimé sur un fond quadrillé en gris clair. Cette grille est formée de petits carrés de la même dimension, chacun d'eux correspondant à l'espace occupé par un point de croix ou à un espace non brodé. Pour vous permettre de situer plus aisément les différentes parties du motif, la grille est divisée en carrés de plus grande taille, délimités par un trait plus épais de couleur noire. Chacun de ces carrés renferme cent petits carrés (dix en hauteur et dix en largeur). Vous disposez ainsi de deux grilles de référence : une grille formée de petits carrés individuels, en gris clair, et une grille formée de grands carrés, dont le contour est souligné de noir, qui rassemblent chacun cent petits carrés. Ces deux grilles de référence permettent de limiter au maximum, en cours de travail, les risques d'erreur dans la transposition du motif sur le tissu à broder.

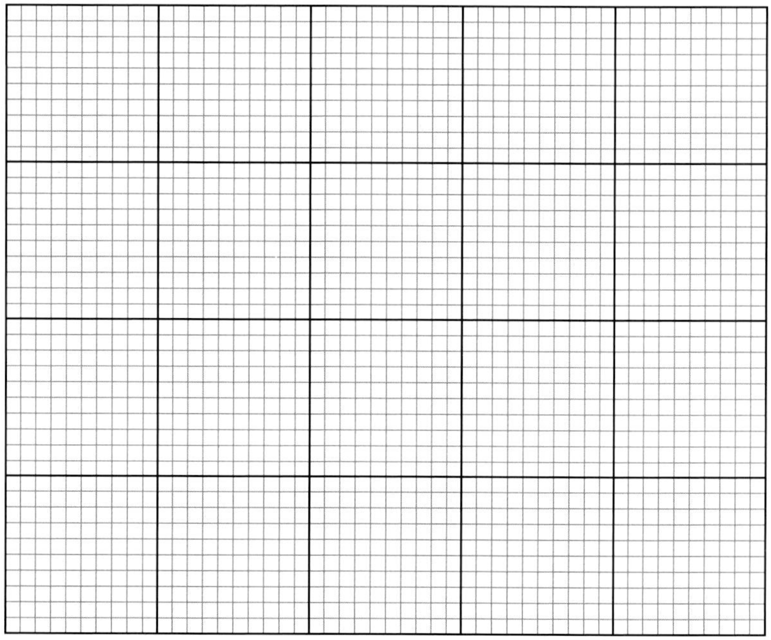

Grille formée de petits carrés qui, regroupés par cent (dix en largeur et dix en hauteur), forment de grands carrés, délimités par un trait plus épais.

La couleur

Quand on brode un ouvrage, il est extrêmement important de respecter la répartition des couleurs et nuances du motif.

Si vous voulez obtenir de bons résultats, utilisez un modèle sur lequel la distribution des couleurs est indiquée de façon très précise. Votre ouvrage ne sera esthétique que si vous respectez à la lettre les indications qui vous sont données sur le diagramme.

Chacune des couleurs de base (bleu, rouge, jaune, etc.) se décline dans un large éventail de tons. Ainsi, le vert peut être non seulement clair ou foncé, mais aussi, suivant sa nuance, un vert printemps,

CARTE DES COULEURS

352	å	807	©	677	J	841	=
666	∫	3765	ß	726	K	Blanc	W
818	™	310	µ	420	L	646	?
3350	ƒ	995	†	3045	N	807	ø
700	¶	155	æ	970	a	680	π
850	§	3839	„	676	c	3348	¥
603	{	943	®	402	m	322	4
3722	}	368	A	3340	e	554	5
3848	Ω	472	B	3777	%	973	6
598	∑	3837	C	168	$	3772	8

Échantillon de couleurs du catalogue DMC, avec leur numéro de référence et le symbole qui permet de les identifier sur le diagramme. Chaque point d'une couleur déterminée est indiqué par le symbole correspondant sur le diagramme.

olive, émeraude, etc. Il en va de même pour toutes les couleurs, quelle que soit la gamme à laquelle elles appartiennent. Comment s'y retrouver face à une telle diversité de couleurs et réussir à trouver le ton exact ? Chaque fabricant de fils à broder propose sa propre gamme de couleurs, chacune étant identifiée par un numéro de référence et parfois désignée par un nom. La marque DMC bénéficie, depuis de nombreuses années, d'une telle renommée dans le monde du point de croix que son catalogue de couleurs est devenu une référence quasi universelle. Chaque couleur y est désignée par un numéro spécifique.
Quand on achète un modèle à broder, il est accompagné d'un nuancier répertoriant toutes les couleurs qui doivent être utilisées dans l'ouvrage, avec leur numéro de référence. Chacune est, en outre, accompagnée d'un symbole, lequel est repris sur le diagramme du modèle. Ces symboles peuvent être des figures ou des formes géométriques simples (carrés, triangles, cercles, losanges), ou des lettres de l'alphabet, minuscules ou majuscules (a, b, c, E, F, H…), ou encore des signes divers (?, %, $, +…). Pour vous faciliter la tâche, chaque point est représenté, sur le diagramme, par un aplat de couleur et par un symbole. Vous disposez aussi, en général, d'une photographie de l'ouvrage terminé. Aidez-vous de cette photographie, dont les couleurs sont souvent plus proches de la réalité que celles des grilles.

Le centrage du motif

En bordure de chaque diagramme figurent deux flèches. L'une indique une ligne verticale et l'autre une ligne horizontale ; le point d'intersection de ces deux lignes virtuelles correspond au centre du motif. Ces repères sont indispensables pour centrer correctement le motif sur la toile à broder et pour déterminer le point de départ de la broderie. Il est préférable, en effet, d'exécuter la broderie du centre vers l'extérieur.

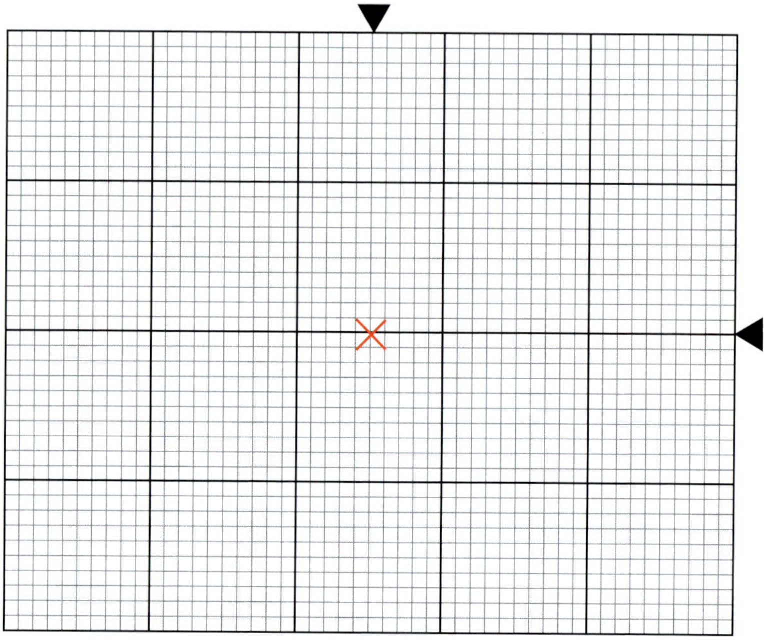

Grille vide en bordure de laquelle figurent deux flèches, une en haut et une sur le côté, dont la pointe est tournée vers l'intérieur. Le point d'intersection des lignes virtuelles indiquées par ces deux flèches correspond au centre du motif, marqué ici d'une croix rouge.

Sur ce modèle figurent les deux flèches indiquant le centre de l'ouvrage.

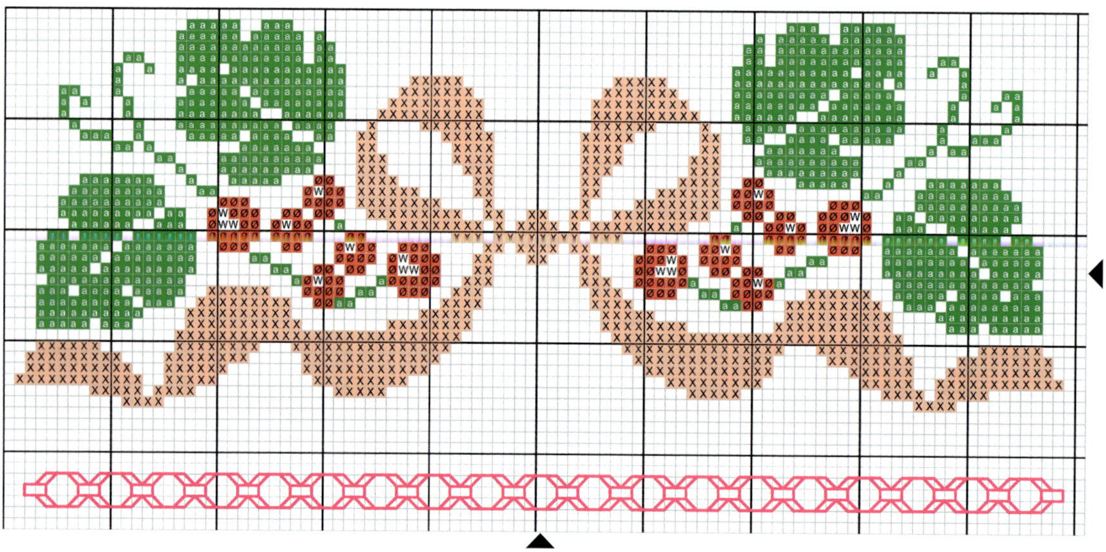

TISSUS À BRODER

Le point de croix peut être exécuté sur divers types de tissus. Pour être sûr que l'ouvrage ait de la tenue, choisissez un tissu assez résistant, qui offre une texture régulière : il doit comporter le même nombre de fils dans le sens vertical et le sens horizontal sur une dimension donnée.
Les tissus qui conviennent le mieux au point de croix sont ceux dont le tissage est régulier et peu serré, c'est-à-dire dont les fils horizontaux, ou fils de *trame*, et les fils verticaux, ou fils de *chaîne*, se croisent perpendiculairement et sont légèrement espacés. Lorsque les fils de trame et de chaîne se croisent un à un, la toile est dite « unifil ». Le point de croix s'effectue alors sur un ou deux fils, dans les deux sens. Dans le cas des toiles nattées, comme la toile Aïda, les fils de chaîne et de trame se croisent par groupes de deux ou plus. Ils forment des carrés réguliers, délimités à chaque angle par un trou dans lequel on pique l'aiguille pour former le point de croix. Pour exécuter une broderie sur un tissu fin et serré, dont vous ne pouvez compter les fils, fixez sur ce tissu un canevas spécial appelé « tire-fil », que vous ôterez une fois la broderie achevée. Dans les boutiques spécialisées, vous trouverez différents types de toiles, dont certaines sont conçues spécialement pour la broderie au point de croix. Elles facilitent le travail et garantissent de bons résultats.

Les toiles les plus courantes pour broder au point de croix sont les suivantes :

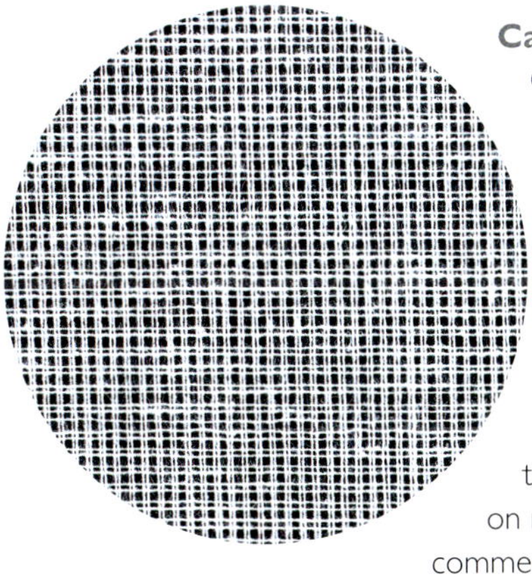

Canevas

C'est une toile de coton assez rigide, à texture régulière ajourée, qui peut être unifil ou dont les fils peuvent être tissés par paires. Il existe un canevas spécifique, appelé « tire-fil », pour broder sur les tissus à trame serrée et ceux dont on ne peut compter les fils, comme le velours.
Pour l'utiliser, il faut commencer par déterminer la taille du morceau dont on a besoin : on compte, dans chaque sens, les carrés nécessaires pour broder le motif et l'on ajoute une marque sur le pourtour, de façon à pouvoir le faufiler sur le tissu à broder. Quand il est fixé, on brode sur

Motif brodé sur un tissu à trame serrée à l'aide d'un canevas tire-fil.

le canevas et le tissu en même temps, en effectuant un point de croix, dans les deux sens, sur un fil du canevas. Lorsque la broderie est achevée, on défait le canevas en tirant les fils de trame, puis les fils de chaîne, pour ne laisser que la broderie sur le tissu.

Pantoufles brodées au point de croix avec un tire-fil. Détails des motifs (à droite).

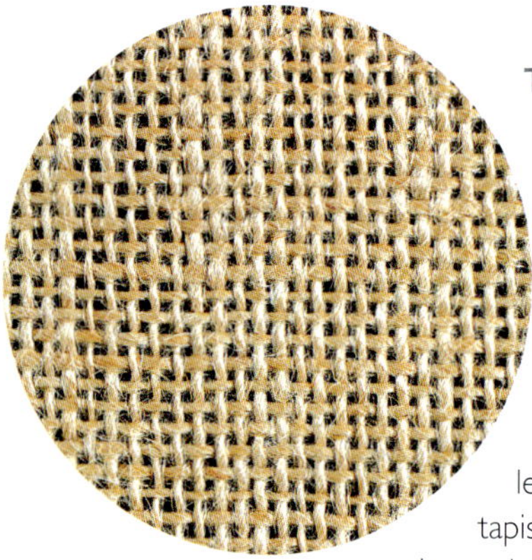

Toile de jute

C'est une toile rustique assez grossière qui convient bien à la broderie de motifs simples et colorés. On la brode avec une aiguille à tapisserie à bout rond et un fil assez épais, comme le coton retors, la laine à tapisserie ou la laine câblée. Les points de croix s'effectuent sur un ou deux fils, dans le sens vertical et le sens horizontal, selon que la toile est plus ou moins serrée.

Petit tableau naïf, brodé sur un morceau de toile de jute.

Enveloppe de coussin en toile de jute brodée au point de croix.

Ce petit coussin brodé au point de croix sur toile de coton unifil peut être rempli de lavande ou servir de pelote à épingles.

Toile de coton unifil

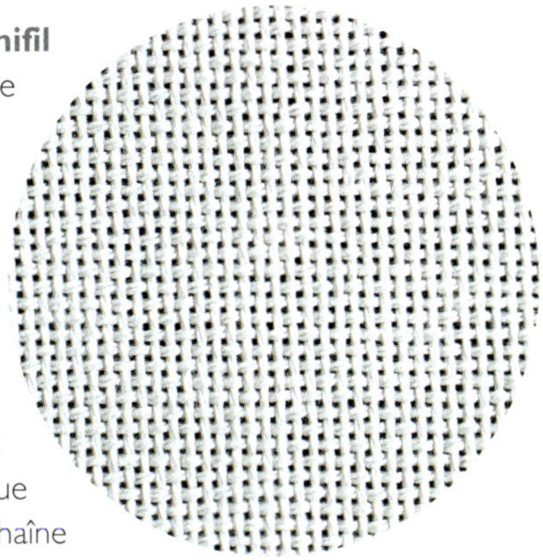

C'est une toile de coton dont les fils de chaîne et de trame, assez épais, se croisent un par un et sont légèrement espacés. Sur cette toile, chaque point de croix s'effectue sur deux fils de chaîne et deux fils de trame. Si on travaillait sur un fil, le point de croix serait imperceptible.

Détail d'un coussin en toile de coton unifil brodé d'un motif végétal.

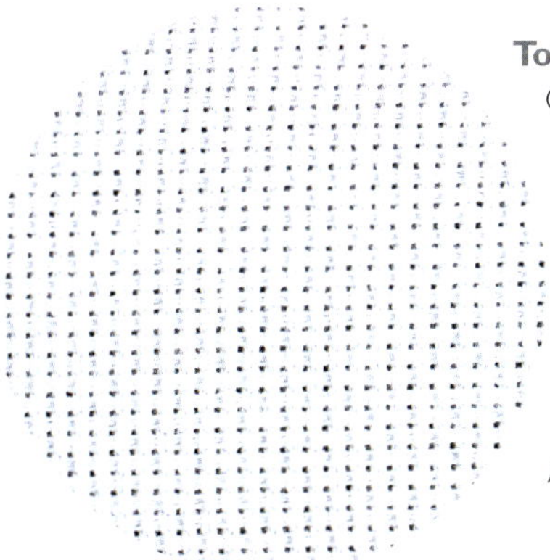

Toile Aïda

C'est une toile de coton spécialement conçue pour le point de croix. Elle est idéale pour obtenir des points de croix parfaitement réguliers. Les fils de chaîne et de trame se croisent par groupes de quatre. Sur la toile Aïda, il est très simple de

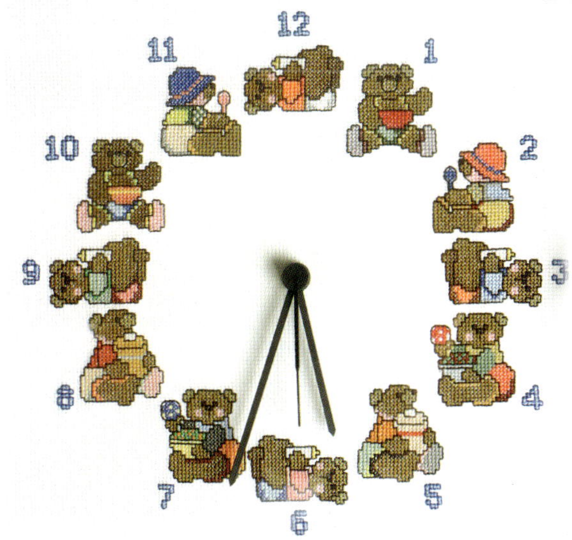

Pendule brodée au point de croix sur toile Aïda.

Nappe en toile Aïda brodée de motifs de Noël.

compter les points par centimètre, car le tissage forme des carrés délimités par quatre trous. La toile Aïda est répertoriée en fonction du nombre de carrés ou de points par centimètre ou pouce (2,5 cm). Les toiles les plus utilisées sont les toiles Aïda 14 et 16, car ce sont celles que l'on trouve le plus couramment. Une toile Aïda 16 comporte seize carrés ou points par pouce (2,5 cm), ou six carrés ou points par centimètre. Plus le numéro de la toile est élevé, plus le motif sera petit. La toile Aïda est disponible en différentes couleurs, les plus employées étant le blanc et le crème, qui mettent bien en valeur les broderies. Elle existe aussi en marron, rouge, rose, jaune, bleu et noir.

Dénomination de la toile Aïda suivant la taille des carrés	
Aïda 8	8 carrés/points par pouce (2,5 cm), 1,5 point par centimètre
Aïda 11	11 carrés/points par pouce, 2,5 points par centimètre
Aïda 14	14 carrés/points par pouce, 5,5 points par centimètre
Aïda 16	16 carrés/points par pouce, 6 points par centimètre
Aïda 18	18 carrés/points par pouce, 7 points par centimètre

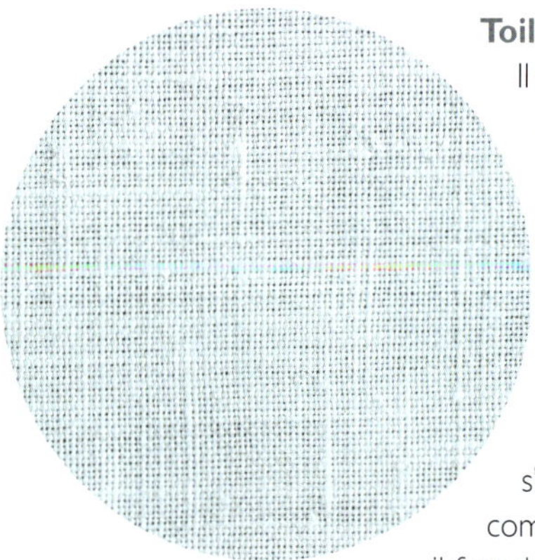

Toile de lin

Il s'agit d'une toile de qualité, très résistante, qui met en valeur le point de croix de façon incomparable et donne à la broderie un aspect raffiné. Il faut cependant avoir un peu d'expérience pour broder sur cette toile, qui est en général assez fine. C'est une toile unifil, dont les fils de trame et les fils de chaîne s'entrecroisent un à un. Avant de commencer à broder sur ce type de toile, il faut déterminer le nombre de fils au

Loupe ornée d'une broderie au point de croix sur toile de lin.

centimètre : on délimite, avec deux épingles, un petit carré de toile de 1 centimètre de côté, dans un angle, pour pouvoir compter les fils, et l'on divise ce nombre par 2 ou 3, suivant que l'on exécute le point de croix sur deux ou trois fils. Par exemple, sur une toile de lin qui compte douze fils par centimètre, on effectuera six points par centimètre si l'on travaille sur deux fils, ce qui est le plus courant, ou quatre points par centimètre si l'on travaille sur trois fils.

Sampler *traditionnel, brodé sur une toile de lin.*

Galon à broder

Le galon à broder est une longue bande étroite, qui peut être en toile Aïda ou tout autre type de toile à broder, dont on se sert pour border des étagères ou pour décorer draps, serviettes de toilette, bavoirs, etc. Il existe une grande variété de galons, de différentes largeurs. Certains ont une finition brodée sur les bords, dans une large gamme de couleurs.

Motif décoratif au point de croix brodé sur un galon.

Détail d'une serviette de toilette décorée d'un galon brodé au point de croix.

MATÉRIEL ET FOURNITURES

En dehors de la toile, vous aurez besoin de fils, d'une aiguille, d'un dé, de ciseaux à broder, d'épingles, d'un centimètre et, éventuellement, d'un tambour à broder. Ces différents articles sont vendus dans les merceries et autres boutiques spécialisées dans les loisirs créatifs. Choisissez toujours du matériel et des fournitures de bonne qualité : vous travaillerez ainsi plus commodément et obtiendrez de meilleurs résultats.

Écheveaux de fil pour broder au point de croix.

Les fils à broder

Il existe divers types de fils à broder, les plus courants étant le coton perlé, fil torsadé brillant à deux brins, le coton retors, fil mat à cinq brins, et le coton mouliné, brillant, à six brins. Si vous voulez obtenir de bons résultats, achetez des fils solides, dont les couleurs ont une bonne tenue et qui sont adaptés à la toile que vous utilisez. Le fil le plus employé pour le point de croix est sans doute le Mouliné Spécial DMC. C'est un fil de coton brillant d'excellente qualité, disponible dans un large éventail de couleurs grand teint, très résistantes à la lumière et au lavage. Il se présente en écheveaux de 8 mètres. Chaque fil est composé de six brins. Pour le point de croix, on brode en général avec deux brins. Sur une toile constituée de fils épais, on peut en utiliser trois.

Tirez toujours doucement sur le fil pour le séparer de l'écheveau.

Évitez de broder avec un fil trop long : il finirait par s'entortiller et s'effilocher, et par perdre son brillant ; une aiguillée ne doit pas mesurer plus de 50 centimètres.

Pour travailler plus aisément, enroulez les fils des écheveaux sur des cartons prévus à cet effet, et classez-les par gammes de couleurs dans une boîte compartimentée, de façon à pouvoir rapidement repérer la teinte dont vous avez besoin.

Aiguilles

Optez toujours pour une aiguille dont la taille correspond au fil et au tissu que vous avez choisis. Pour broder au point de croix sur une toile Aïda, une toile de jute ou une autre toile à trame peu serrée, utilisez une aiguille à tapisserie à bout rond. Pour le point de croix, les aiguilles les plus employées sont celles qui sont numérotées de 20 à 26. Si vous brodez sur une toile plus fine, mieux vaut prendre une aiguille à broder plus fine (n° 8, par exemple), à bout pointu, pour éviter de déformer le tissu.

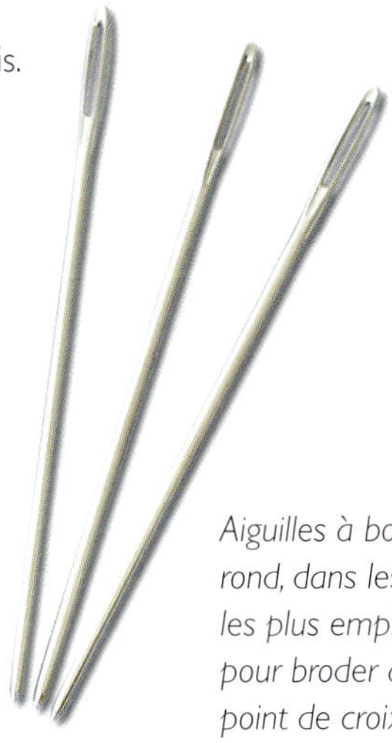

Aiguilles à bout rond, dans les tailles les plus employées pour broder au point de croix.

Épingles

Les épingles sont utiles pour marquer le point d'intersection des axes médians du motif sur la toile, avant de les faufiler.

Les épingles sont très utiles dans la phase préliminaire de la broderie.

Ciseaux

Il est essentiel d'utiliser des ciseaux de bonne qualité, bien aiguisés, afin de pouvoir couper les fils avec netteté, sans les effilocher. Les ciseaux à broder sont de petits ciseaux à bouts pointus, plats ou recourbés. Ces derniers permettent de couper de façon parfaite les fils au ras de la toile, de soulever aisément les fils des points que l'on vient de broder lorsqu'on a fait une erreur, ou encore de couper les fils de la toile quand on exécute un ourlet à jours. N'utilisez ces ciseaux que pour broder et veillez à ce qu'ils soient toujours bien aiguisés. Pour couper le tissu, il est préférable d'employer des ciseaux de couturière de taille moyenne.

Ciseaux à broder à bouts pointus recourbés, très faciles d'emploi.

Ciseaux à broder à bouts plats, également très utiles pour la broderie au point de croix.

Centimètre

Souple, il permet de relever des mesures avec exactitude, que ce soit pour couper la toile, centrer le motif décoratif, etc.

Un centimètre.

Dé

Certaines personnes préfèrent travailler sans dé, mais la plupart en utilisent un pour éviter de se blesser avec l'aiguille. S'il n'est pas absolument nécessaire de porter toujours un dé, mieux vaut en avoir un sous la main, car il facilite le travail sur certains types de toiles.

Un dé vous facilitera le travail, surtout pour broder sur une toile à trame serrée.

Tambour à broder

Bien que de nombreuses personnes préfèrent travailler en tenant la toile dans leurs mains, il est beaucoup plus commode d'employer un tambour à broder et cela permet de réaliser un travail plus soigné : c'est la seule façon, en effet, d'obtenir des points parfaitement réguliers, grâce à une tension constante du fil. Quand on brode avec un tambour, la surface de la toile est toujours parfaitement plane et stable, et l'on pique l'aiguille alternativement de bas en haut et de haut en bas, perpendiculairement à la toile, sans risquer de tirer excessivement sur le fil. Le tambour est formé de deux cercles en bois qui s'emboîtent. Le diamètre interne du grand cercle correspond au diamètre externe du petit cercle. Le cercle extérieur comporte une ouverture, que l'on règle à l'aide d'une vis : cela permet de l'ajuster en fonction de l'épaisseur du tissu. On tend la toile à broder sur le premier cercle, puis, tandis qu'on la maintient tendue, on la recouvre du second cercle, que l'on visse pour le fermer et le serrer. Les tambours à broder existent dans différents diamètres, en général compris entre 10 et 30 centimètres.

Tambour à broder : ici, les deux cercles sont assemblés. Le cercle intérieur est fixe, tandis que le cercle extérieur est réglable ; une vis permet de serrer fortement le second autour du petit cercle et de maintenir la toile parfaitement tendue.

Voici quelques conseils pour utiliser un tambour de façon optimale :

• Pour choisir un tambour de la dimension adéquate : mesurez le motif décoratif et ajoutez une marge de 5 centimètres tout autour ; vous obtiendrez ainsi le diamètre du tambour à utiliser.

• Pour bien tendre la toile sur le tambour : placez-la sur le petit cercle, en centrant bien l'emplacement du motif que vous allez broder. Posez le cercle extérieur dessus, enfoncez-le et serrez-le à l'aide de la vis de tension. Étirez les bords de la toile sur tout le pourtour, jusqu'à ce qu'elle soit fermement et uniformément tendue.

• Assurez-vous que les fils soient également tendus dans les deux sens ; si ce n'est pas le cas, tirez la toile du côté où cela est nécessaire, pour égaliser la tension.

• Serrez fortement la vis du tambour, en vous aidant, si nécessaire, d'un tournevis : en effet, pour que le travail soit parfait, la toile doit rester bien tendue ; ainsi, elle ne bougera pas et ne se déformera pas.

Tambour à broder dont les deux cercles sont séparés.

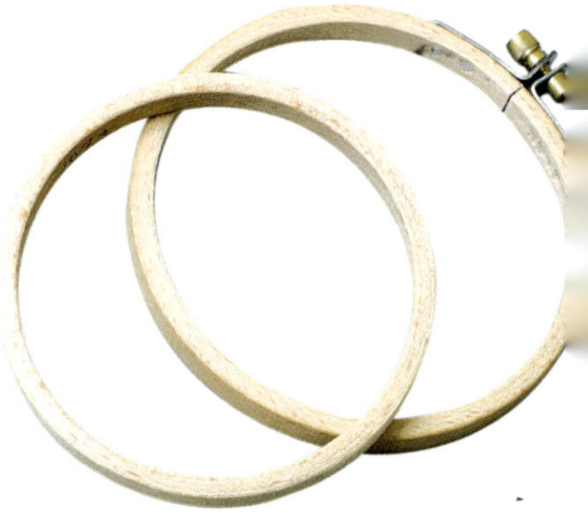

TECHNIQUES DE BASE

La broderie au point de croix ne présente aucune difficulté. Toutefois, comme pour tout autre type de broderie, il est essentiel de connaître et de maîtriser un certain nombre de techniques de base, pour que l'exécution de l'ouvrage soit parfaitement réussie. Vous trouverez dans ce chapitre les principales opérations que vous aurez à réaliser pour la quasi-totalité des ouvrages que vous broderez au point de croix. Pour faciliter leur compréhension, nous vous les présentons étape par étape, avec le schéma, l'explication et la photo correspondante de la broderie.

Comment fixer le fil en début d'ouvrage

La première chose à faire, quand on commence un ouvrage, est de fixer le fil, pour que les points ne se défassent pas. Il y a plusieurs façons de procéder. Celle que nous vous présentons ici est l'une des plus courantes.

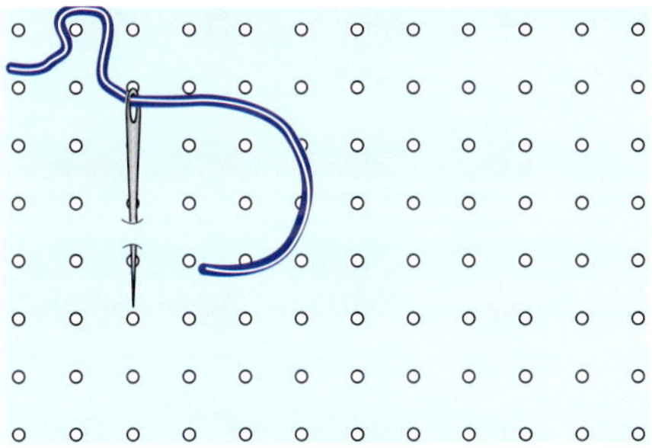

1. Sur l'endroit de la toile, en début de rangée, passez l'aiguille sous deux fils de trame (les fils horizontaux), de haut en bas.

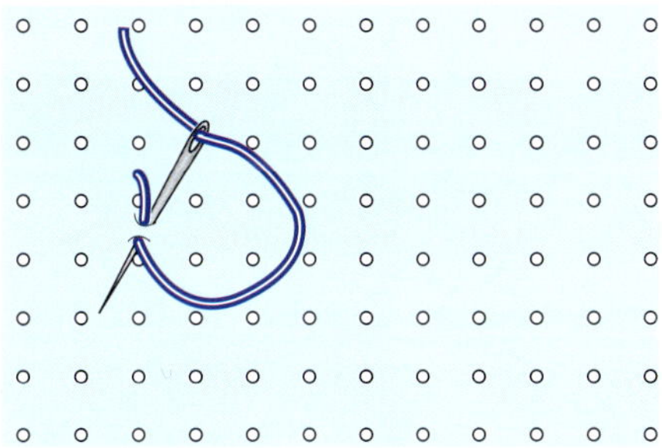

2. Tirez sur le fil, en laissant dépasser son extrémité, et passez à nouveau l'aiguille, dans le même sens, sous les deux fils de trame, en la faisant ressortir à la base de la boucle.

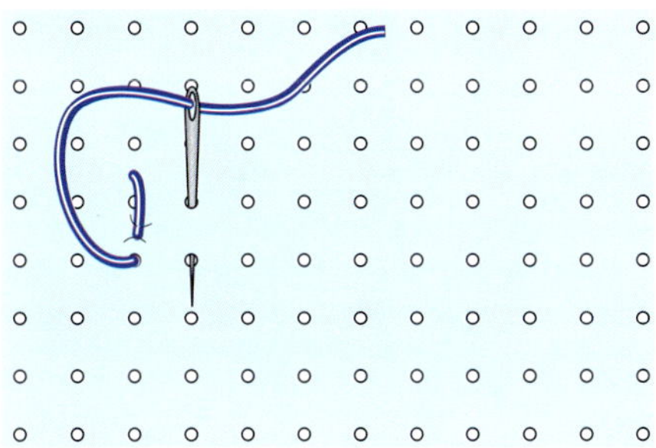

3. Piquez l'aiguille plus à droite, toujours de haut en bas, pour exécuter le premier demi-point oblique.

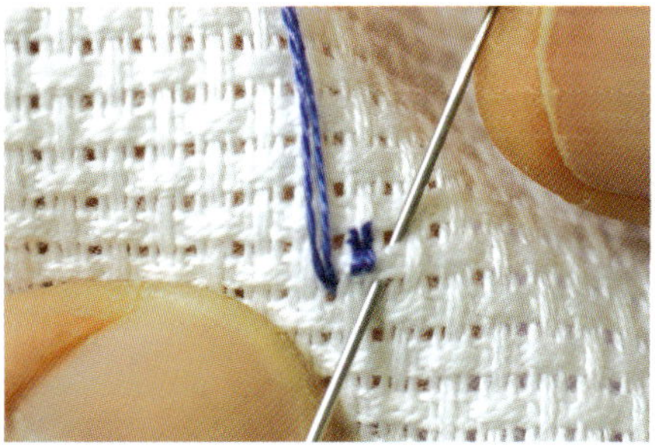

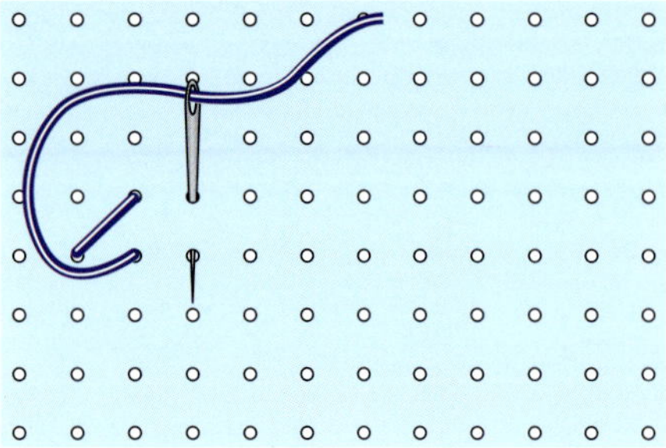

4. Poursuivez en travaillant de gauche à droite pour exécuter le demi-point suivant.

Comment commencer un ouvrage avec un nombre de brins pair

La fixation du fil en début d'ouvrage est une étape indispensable, qui en garantit la tenue. Voici comment procéder quand on brode avec un fil composé d'un nombre de brins pair ; ici, il s'agit de brins de coton mouliné sur une toile Aïda.

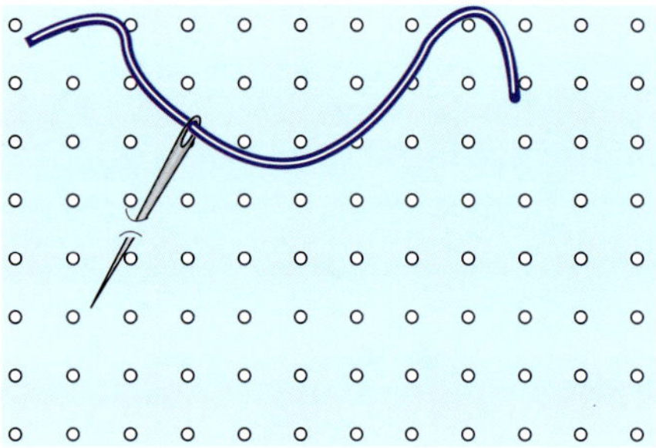

1. Enfilez le fil à moitié dans l'aiguille. Sur l'endroit de l'ouvrage, passez l'aiguille sous deux fils de trame, à gauche du carré où vous allez exécuter le premier point.

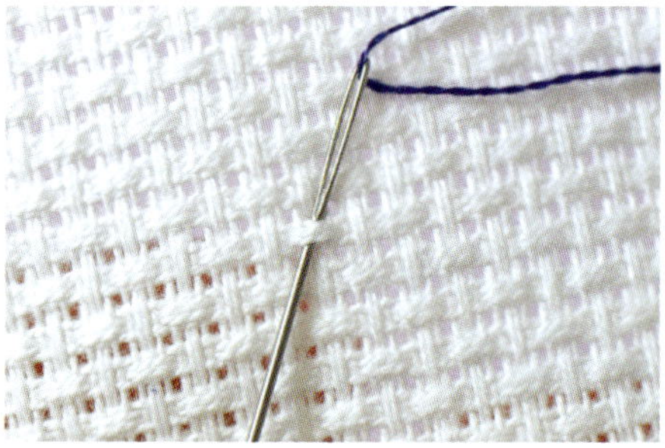

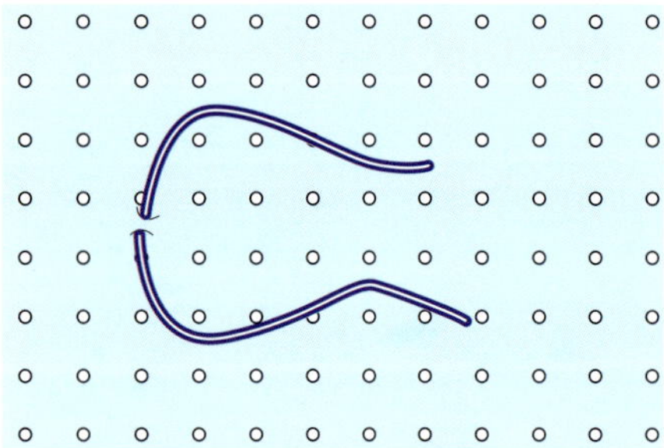

2. Après avoir passé le fil, retirez l'aiguille.

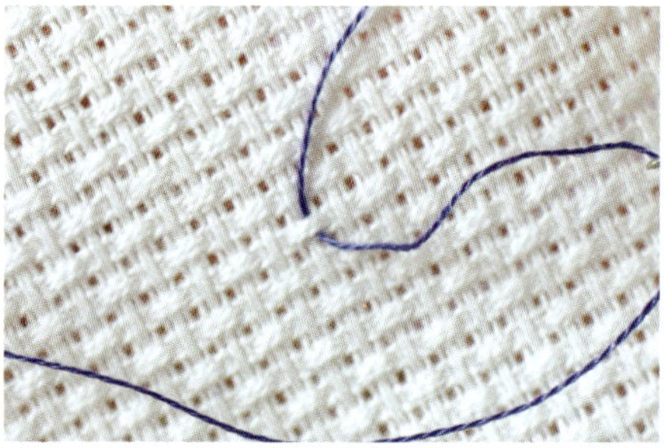

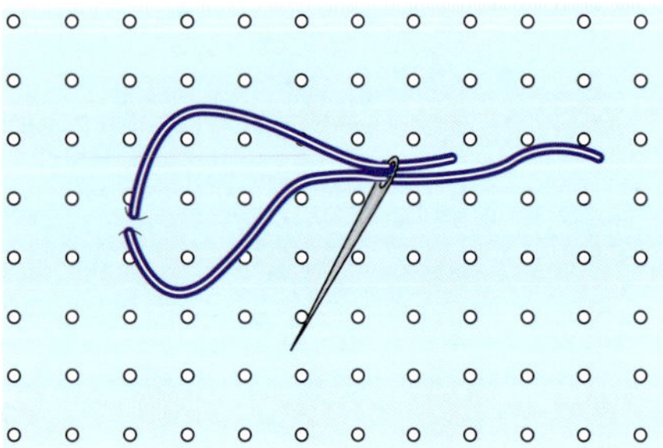

3. Enfilez les deux extrémités du fil dans l'aiguille. Le fil est alors fixé à la toile.

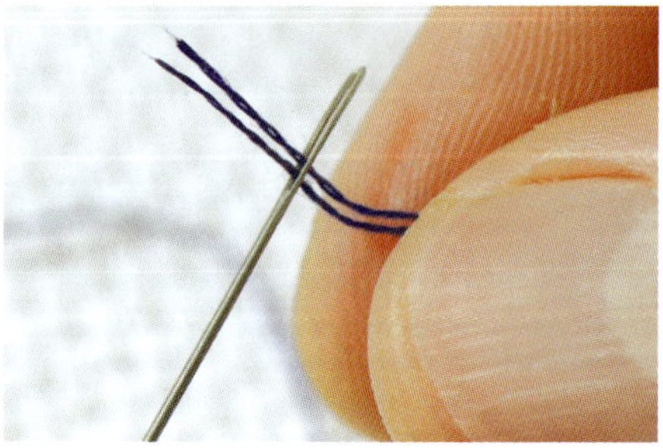

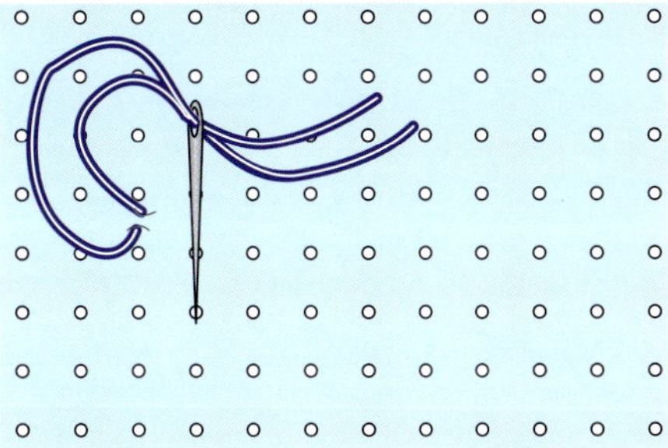

4. Exécutez le premier point en piquant l'aiguille sur la droite, de haut en bas.

Comment commencer un ouvrage avec un nombre de brins impair

Un ouvrage se commence en fonction du nombre de brins dont on se sert pour broder. Si vous utilisez un nombre de brins impair, vous devrez procéder comme il est expliqué ci-dessous.

C'est le cas, par exemple, si vous brodez au point de croix avec du coton perlé (n° 5 ou 8) sur une toile Aïda, ou avec un coton à broder ou un coton mouliné sur une toile de lin fine.

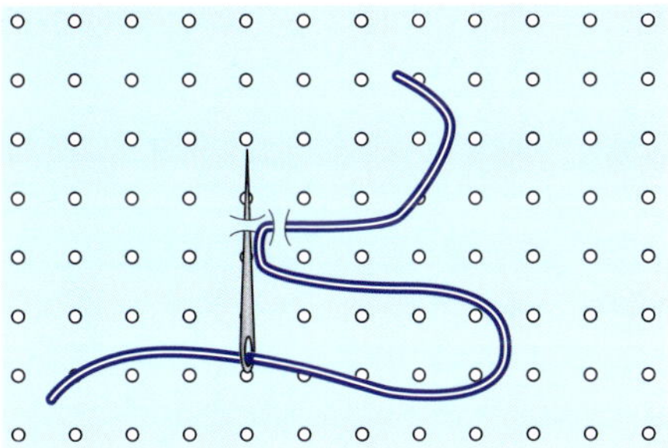

1. Enfilez l'aiguille. Passez-la, de droite à gauche, sous les fils de chaîne de la toile, ici une toile Aïda, puis de bas en haut sous les fils de trame du carré suivant.

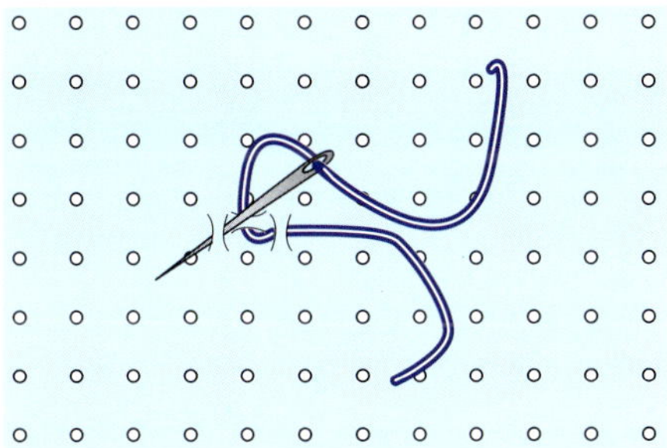

2. Répétez l'étape précédente, en faisant passer l'aiguille sous les fils verticaux, puis sous les fils horizontaux de la toile, sur trois carrés ou plus.

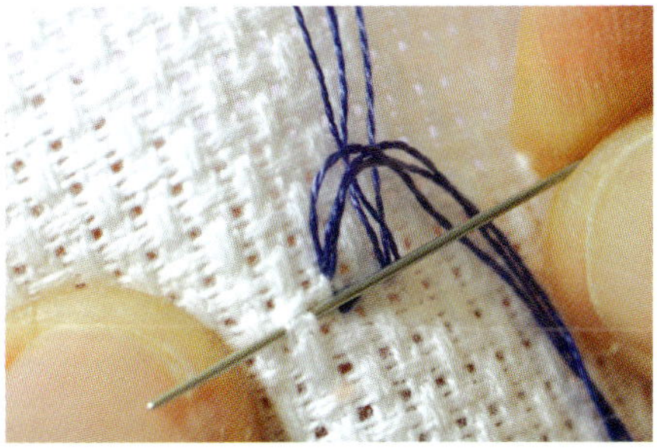

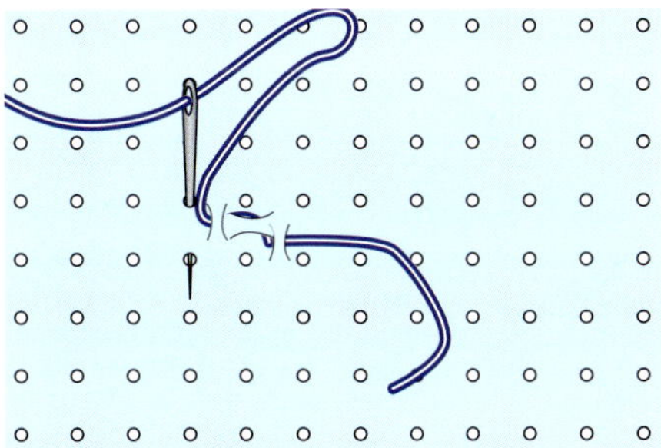

3. Introduisez l'aiguille dans le trou supérieur gauche du dernier carré, et sortez-la par le trou inférieur gauche de ce même carré.

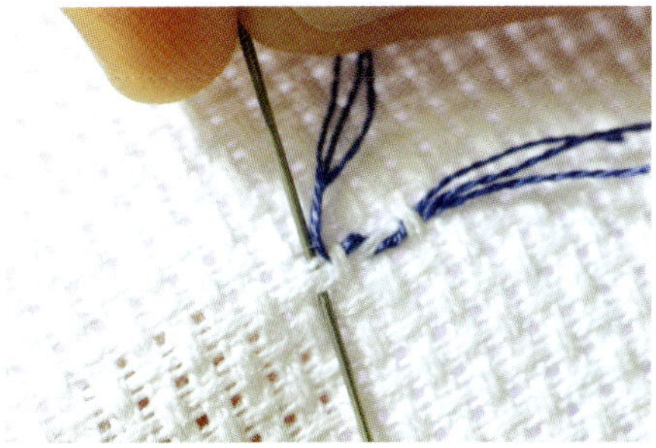

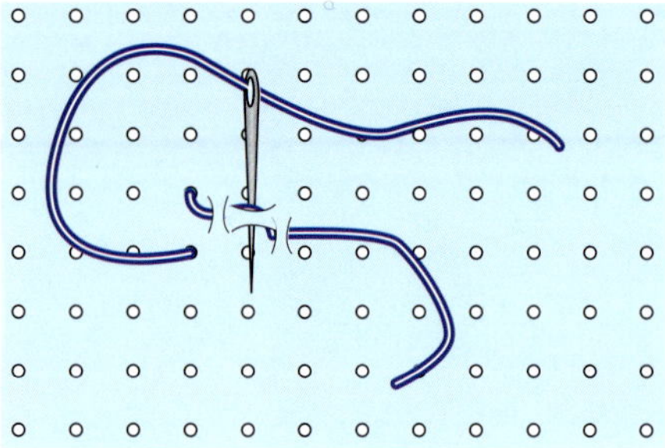

4. Repassez verticalement, de haut en bas, sous les fils de trame du premier carré de la toile. Vous pouvez alors exécuter le premier point de l'ouvrage.

Exécution d'un point de croix isolé

Le point de croix isolé se compose de deux points en diagonale que l'on superpose en les croisant, pour former une croix. Le premier point en diagonale exécuté pour commencer le point de croix est recouvert par le point en diagonale qui le complète.

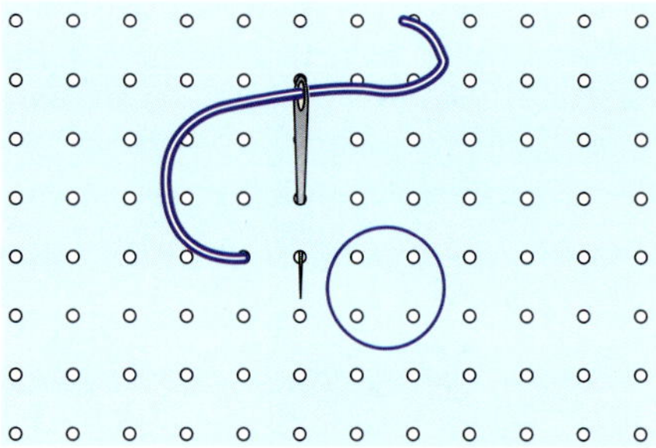

1. Piquez l'aiguille dans l'angle supérieur droit du carré, et faites-la ressortir dans l'angle inférieur droit de ce même carré. Le cercle du schéma montre à quoi correspond un carré de la toile.

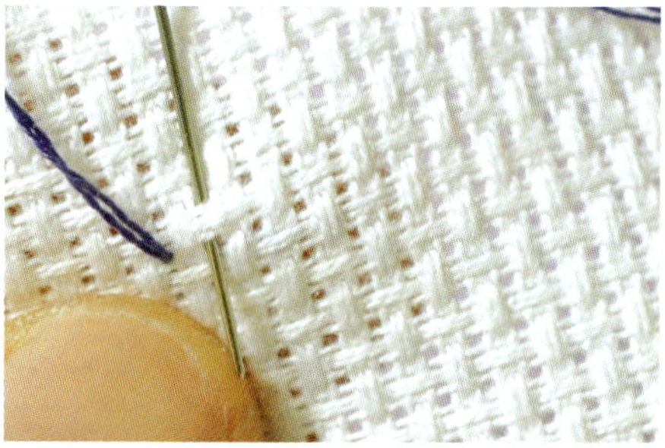

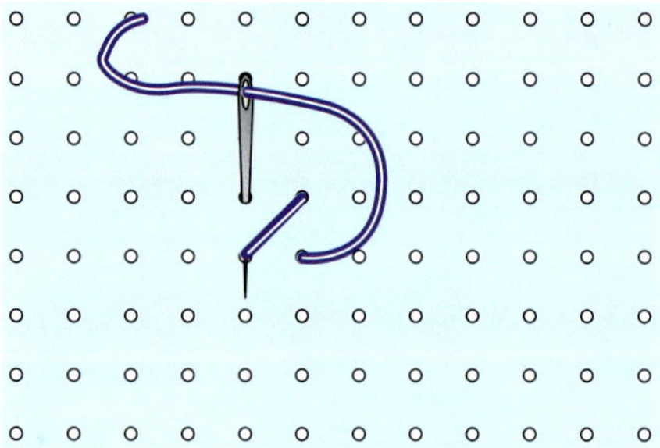

2. Pour compléter la croix, piquez l'aiguille dans le trou situé dans l'angle supérieur gauche du carré, et faites-la ressortir dans l'angle inférieur gauche.

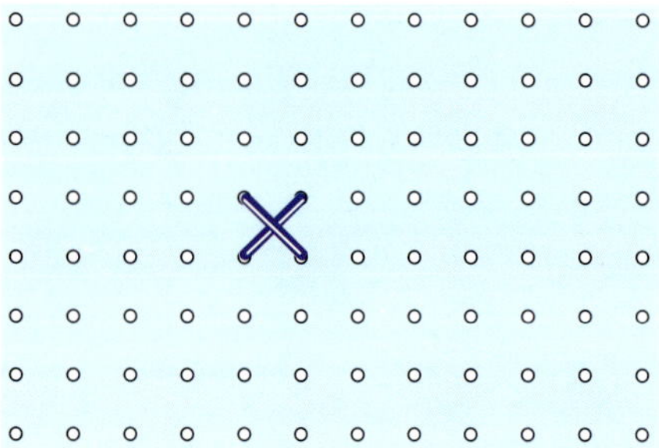

3. Le point de croix simple, formé de deux points obliques, est exécuté.

Exécution de rangées successives de points de croix

Une fois que le fil est fixé sur la toile à broder, on peut commencer la broderie proprement dite. L'ordre dans lequel on brode les points, leur orientation et la position de l'aiguille – dont la pointe est tournée soit vers le haut, soit vers le bas – jouent un rôle essentiel dans la bonne exécution de l'ouvrage. Prêtez donc une attention particulière à ce genre de détails, sinon, le résultat final ne sera pas aussi parfait qu'il devrait l'être.

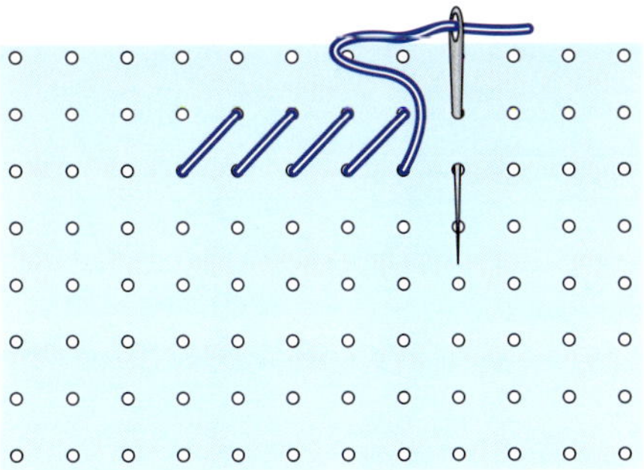

1. Faites une première rangée de demi-points de gauche à droite, en piquant toujours l'aiguille de haut en bas.

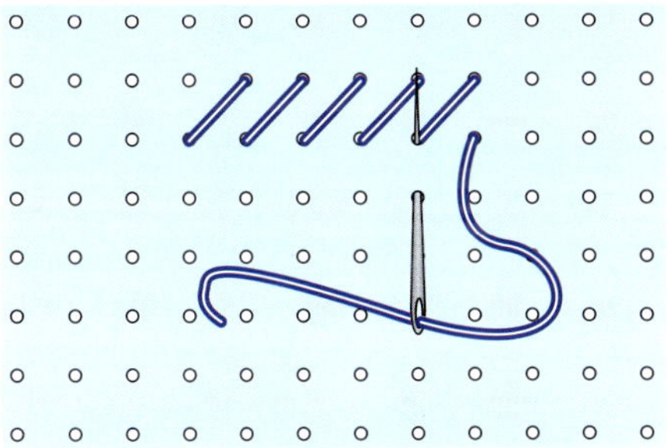

2. Exécutez la deuxième rangée de droite à gauche, en piquant toujours l'aiguille de bas en haut.

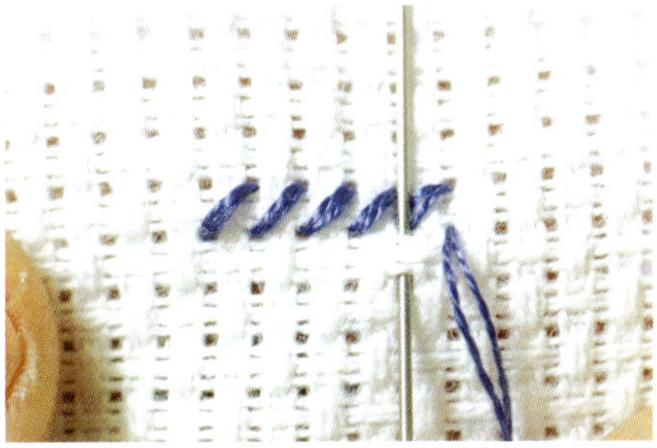

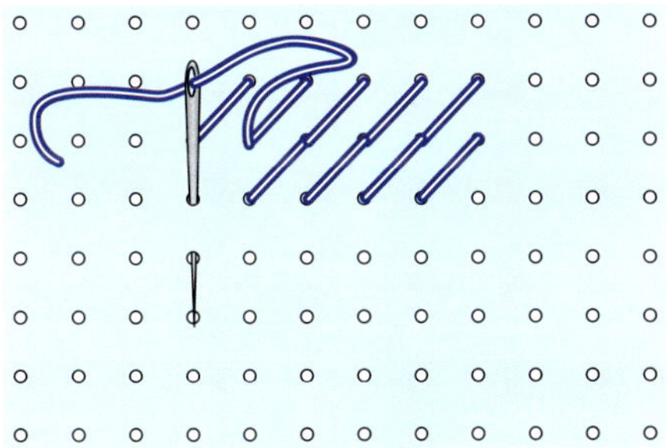

3. Lorsque vous arrivez au bout de la deuxième rangée, positionnez correctement l'aiguille pour commencer la rangée suivante.

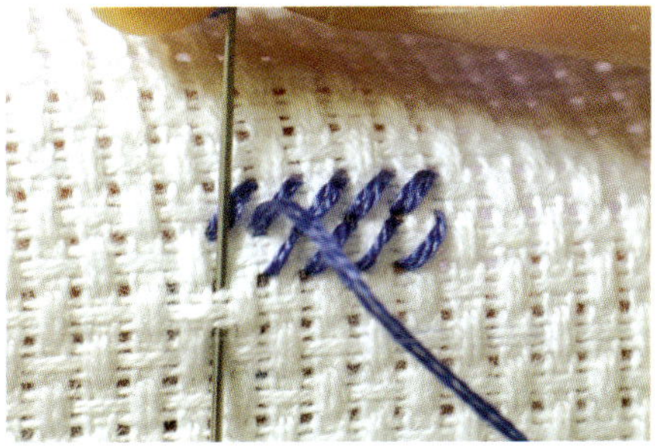

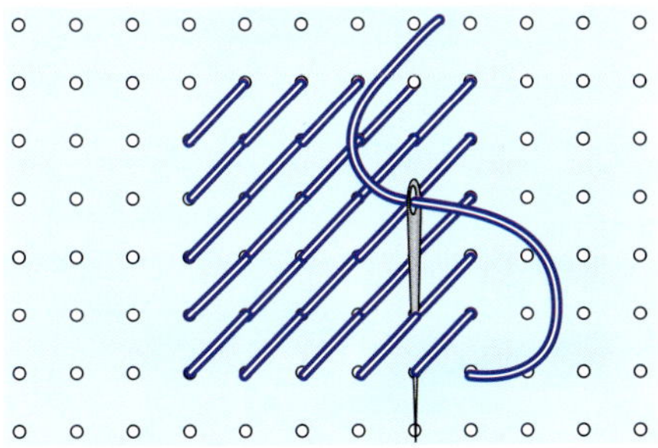

4. Brodez, vers la droite, les demi-points de la troisième rangée, et ainsi de suite jusqu'à cinq rangées. À partir du dernier demi-point, repartez dans l'autre sens, pour compléter les demi-points de la dernière rangée.

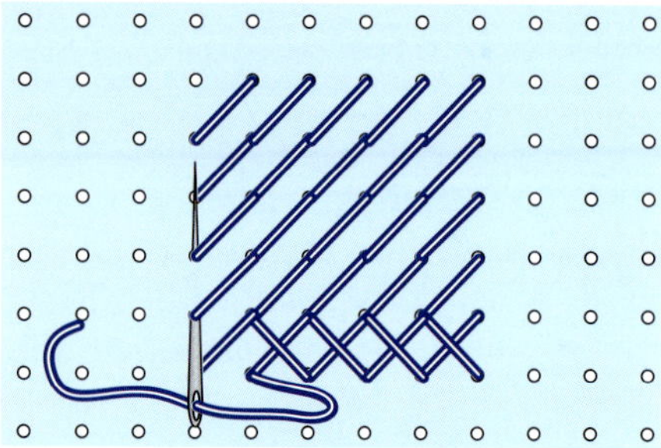

5. En arrivant au point final de cette rangée, orientez l'aiguille pointe vers le haut, pour compléter les demi-points de la rangée suivante.

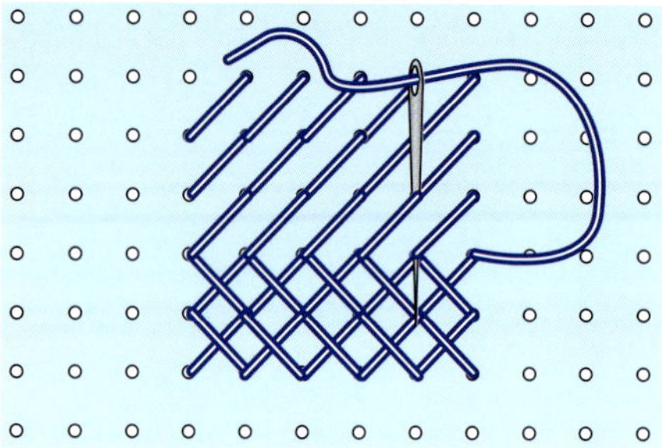

6. Complétez tous les demi-points des rangées précédentes, en procédant comme il est indiqué aux étapes 4 et 5.

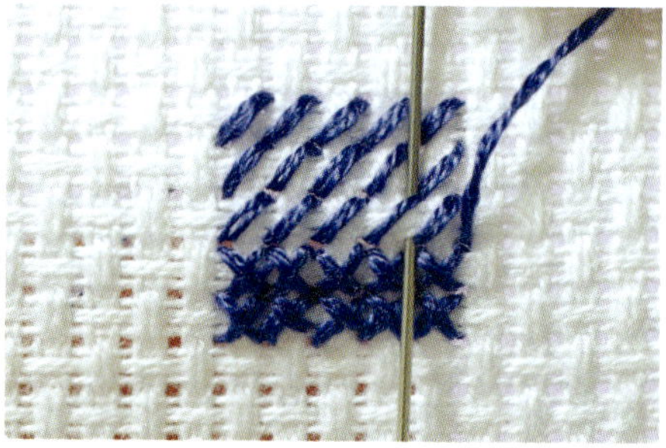

Augmentations

Commencez par broder un seul point oblique de gauche à droite, puis sur la deuxième rangée à droite, brodez un point oblique orienté dans l'autre sens, et continuez à broder de droite à gauche les points obliques orientés dans le même sens que celui du haut, en ajoutant un point de plus sur la gauche, et ainsi de suite, selon les explications suivantes.

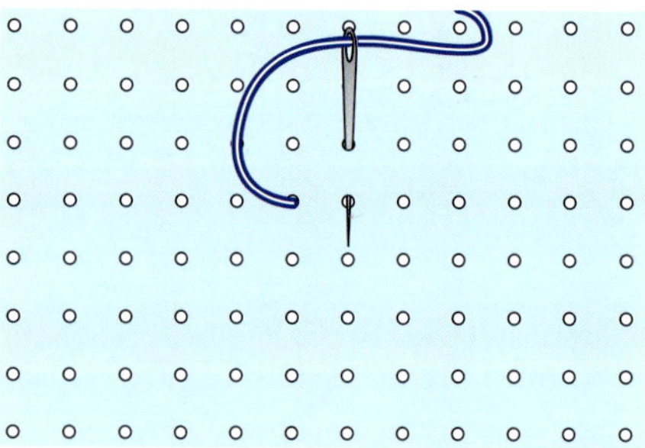

1. Pour commencer, brodez un point oblique de gauche à droite, en piquant l'aiguille verticalement de haut en bas.

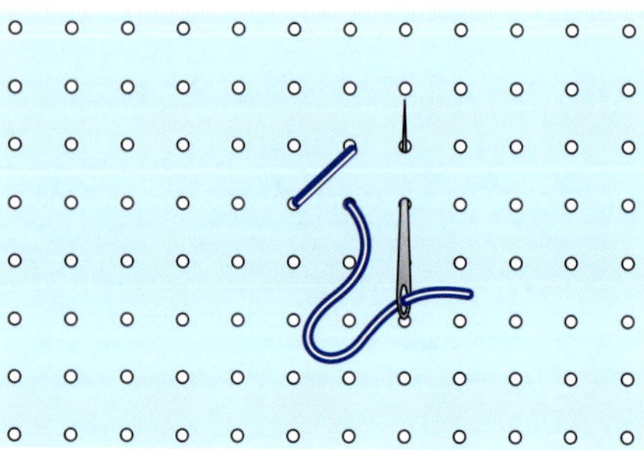

2. Retournez l'aiguille pointe vers le haut et piquez-la dans le trou situé en bas à droite du trou de sortie du fil, pour réaliser le point oblique de la première augmentation, orienté dans l'autre sens.

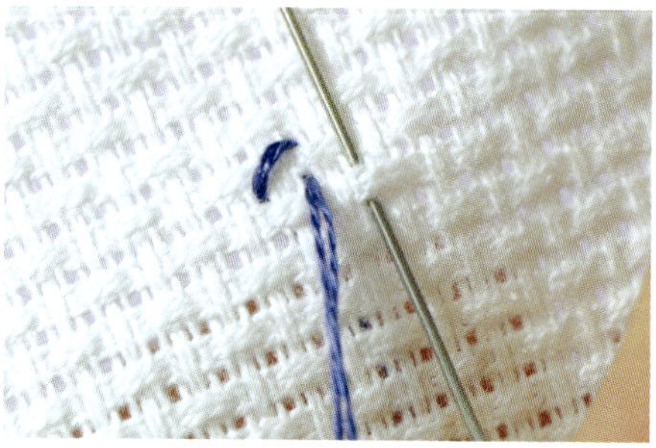

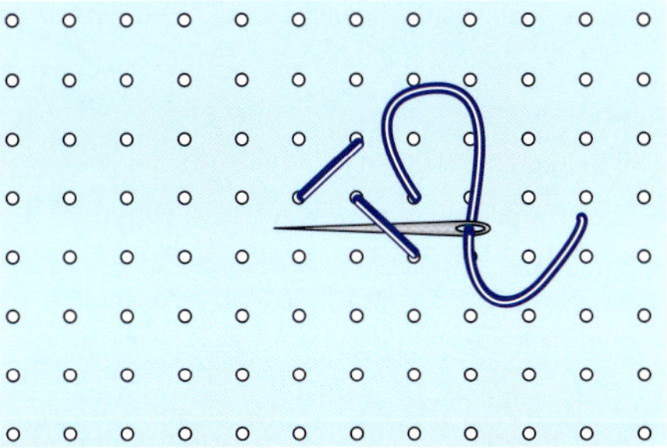

3. Passez l'aiguille horizontalement sous le point que vous venez de réaliser, mais sans piquer la toile.

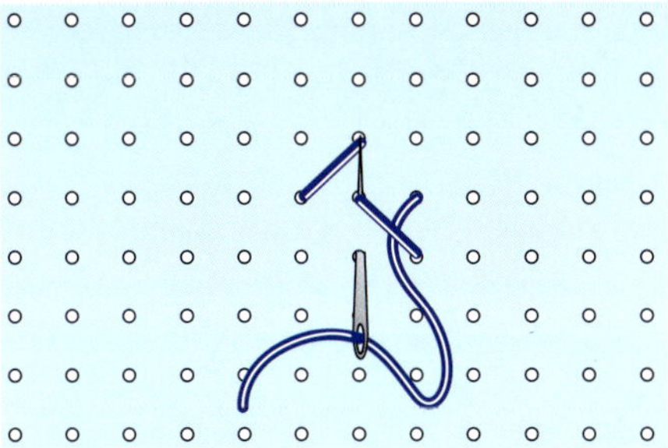

4. Piquez l'aiguille verticalement, de bas en haut, pour compléter le premier point d'augmentation.

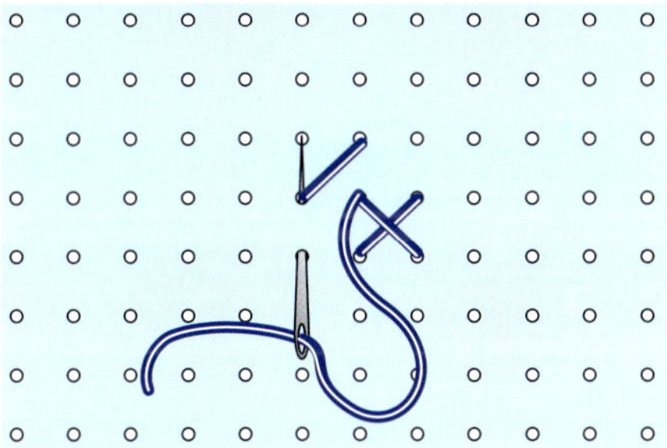

5. Poursuivez en brodant le demi-point suivant, parallèle à celui du haut, en piquant toujours l'aiguille de bas en haut.

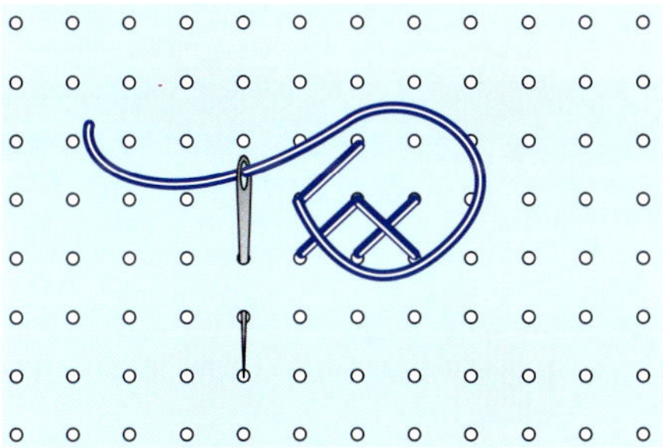

6. Retournez l'aiguille pointe vers le bas, pour réaliser le dernier point oblique de la deuxième rangée, et faites-la ressortir dans le trou situé au-dessous.

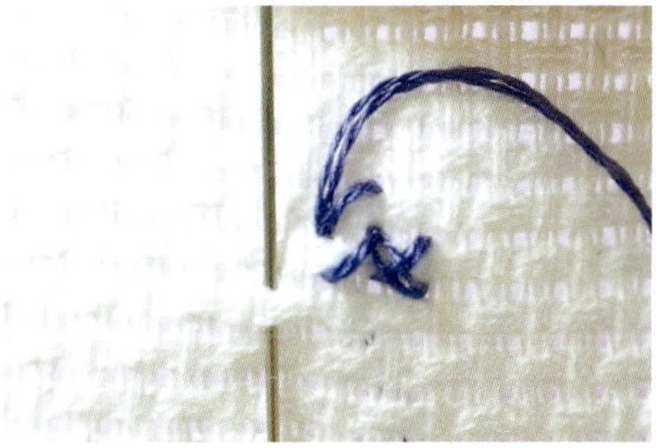

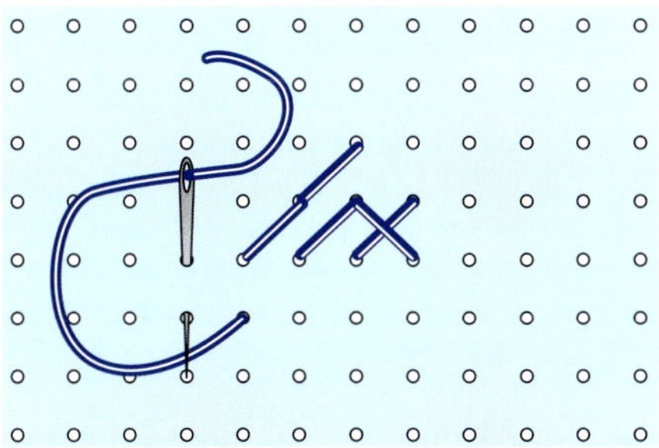

7. Pour augmenter la troisième rangée, piquez l'aiguille, de haut en bas, dans le trou situé à gauche de la base du dernier point oblique, et faites-la ressortir verticalement dans le trou situé au-dessous.

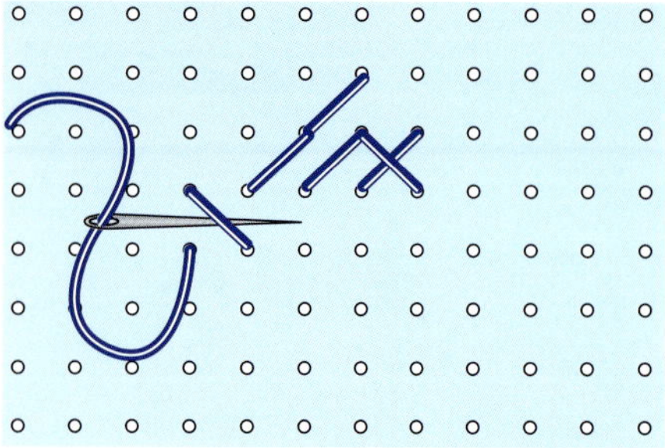

8. Passez l'aiguille horizontalement, vers la droite, sous le point oblique que vous venez de broder, en évitant de piquer la toile.

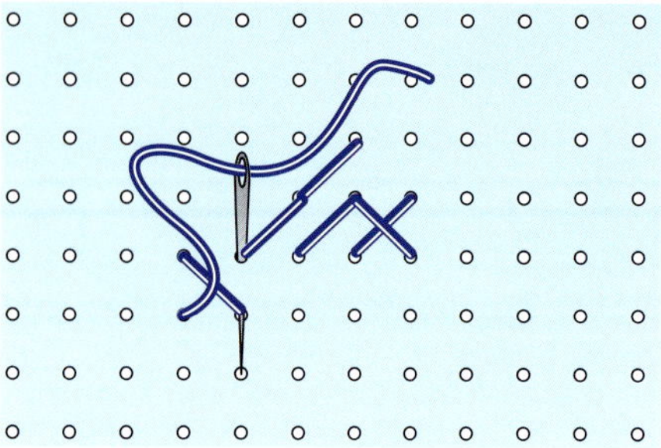

9. Piquez l'aiguille dans la toile, de haut en bas, pour compléter le point oblique.

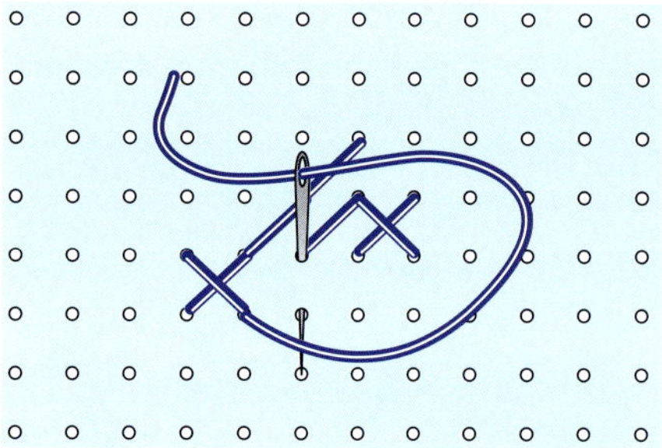

10. Brodez quatre autres demi-points, de gauche à droite, pour augmenter cette rangée sur la droite.

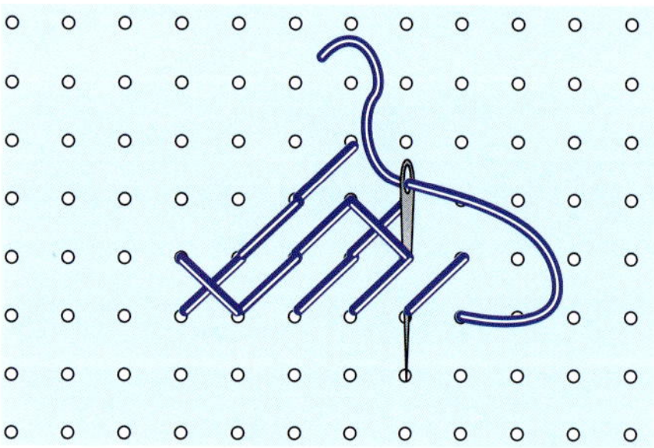

11. Brodez de droite à gauche, en piquant toujours l'aiguille de haut en bas, pour compléter les trois derniers demi-points.

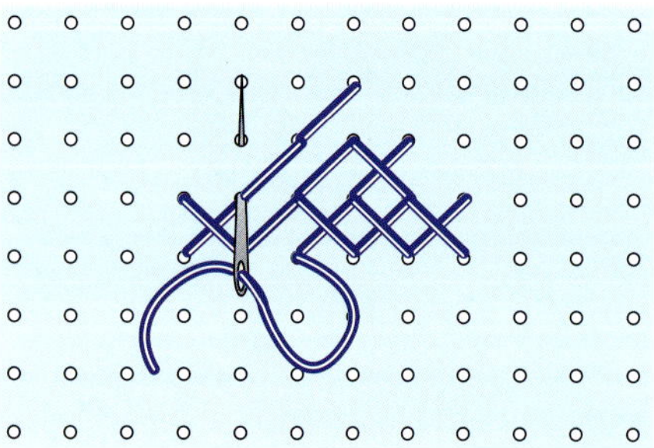

12. Pour compléter le dernier demi-point de la troisième rangée, et passer à la rangée du dessus, piquez l'aiguille de bas en haut.

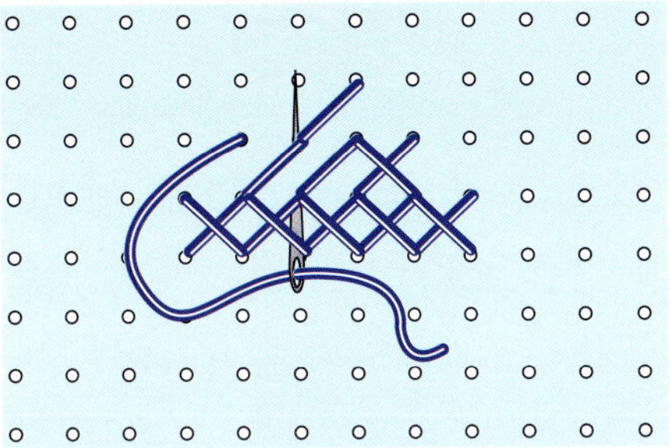

13. Complétez les demi-points de cette rangée, en piquant toujours l'aiguille de bas en haut.

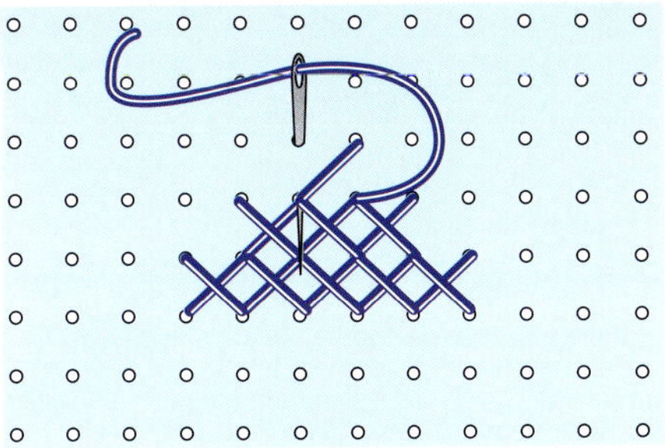

14. Complétez le demi-point situé au sommet du triangle, pour obtenir un point de croix.

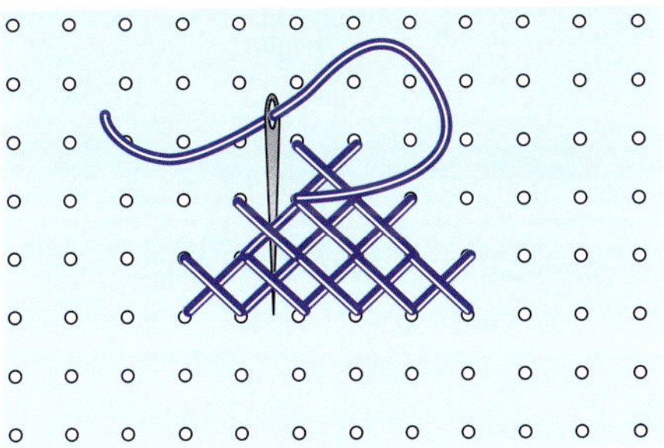

15. Passez l'aiguille verticalement sous deux points de l'ouvrage, pour arrêter le fil. Coupez-le avec des ciseaux.

Diminutions

Durant l'exécution d'un ouvrage, on réalise en général plus de diminutions que d'augmentations. Pour amorcer une diminution, on part de la fin de la rangée la plus longue que l'on ait à broder dans la zone concernée. Après avoir exécuté une première rangée de demi-points de gauche à droite, on complète le dernier point de cette rangée, avant de passer à la rangée inférieure, et ainsi de suite pour chaque rangée.

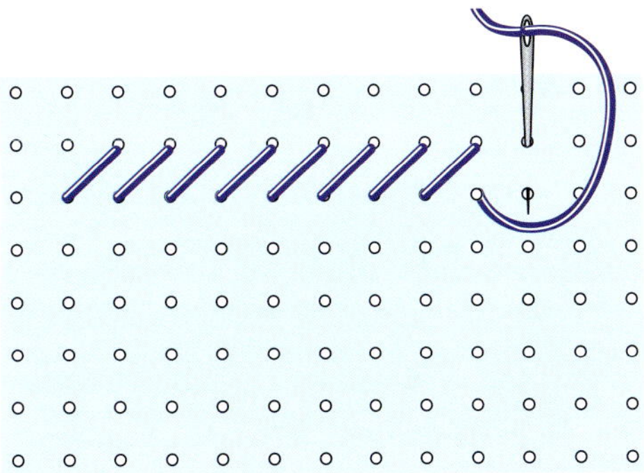

1. Exécutez les demi-points de la première rangée, en plaçant l'aiguille verticalement, la pointe vers le bas.

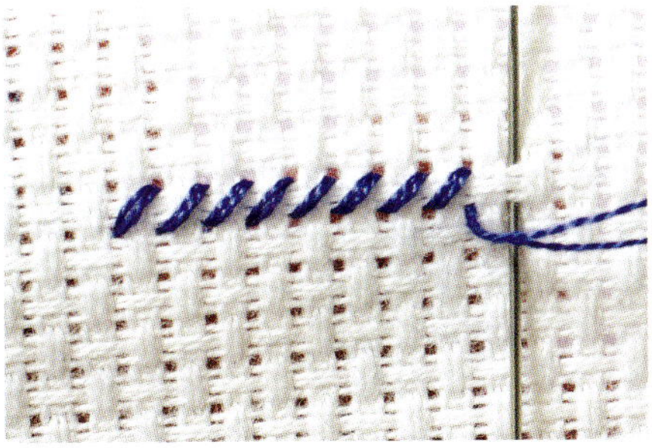

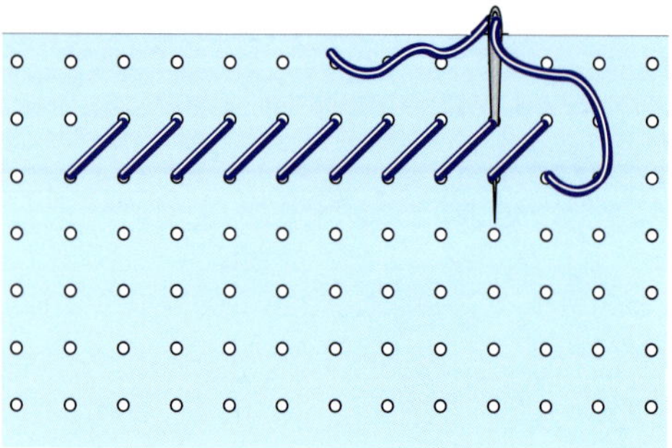

2. Complétez le dernier point de la rangée, en tenant toujours l'aiguille verticalement, pointe vers le bas.

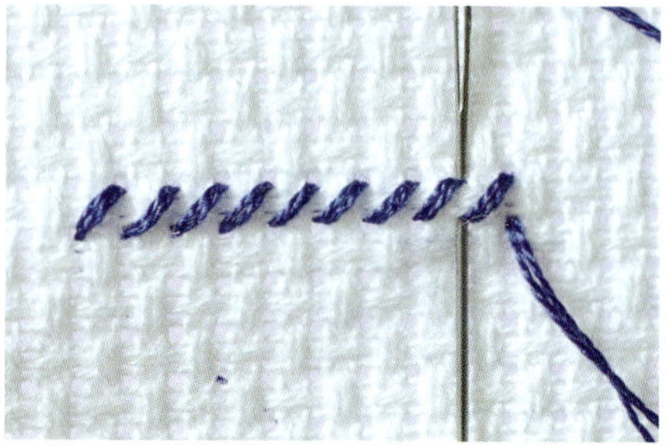

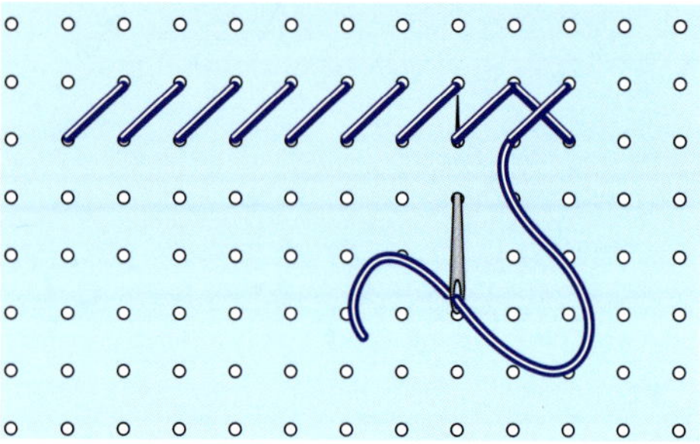

3. Retournez l'aiguille pour la piquer, de bas en haut, dans les deux trous situés à gauche du trou de sortie du fil et exécuter le premier demi-point de la deuxième rangée.

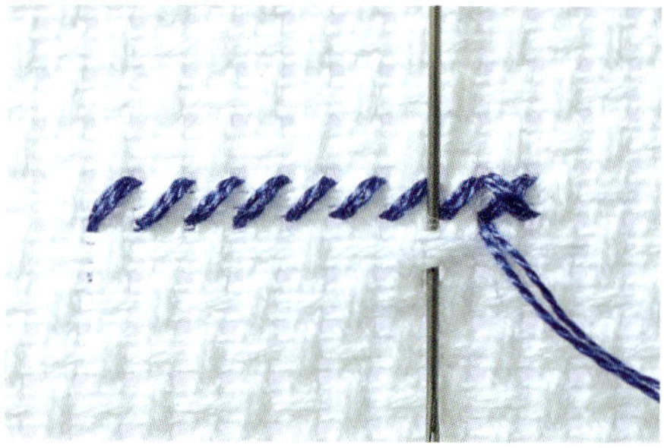

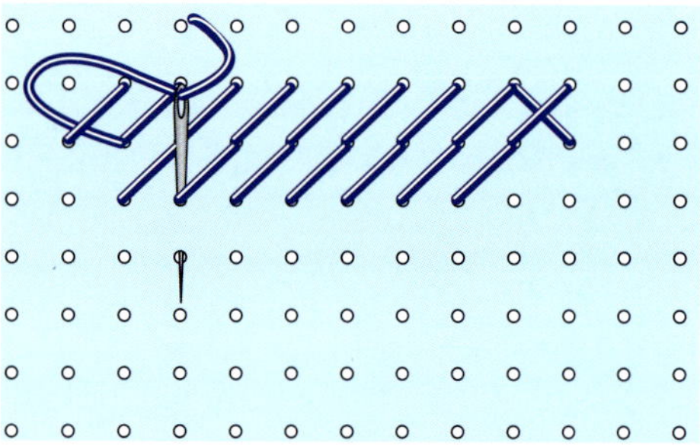

4. Exécutez tous les demi-points de la rangée, puis piquez l'aiguille vers le bas, pour compléter le dernier demi-point et commencer la rangée suivante.

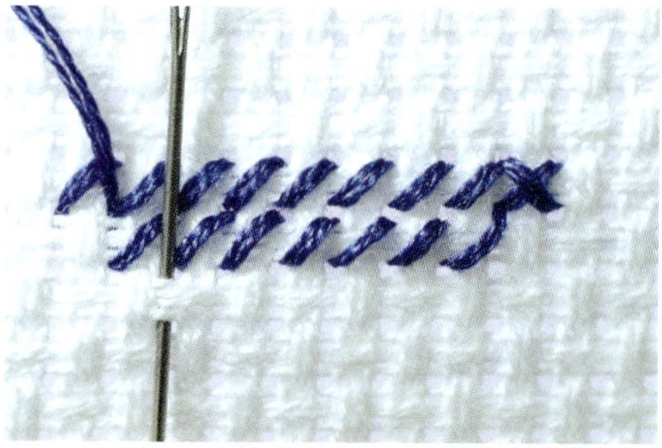

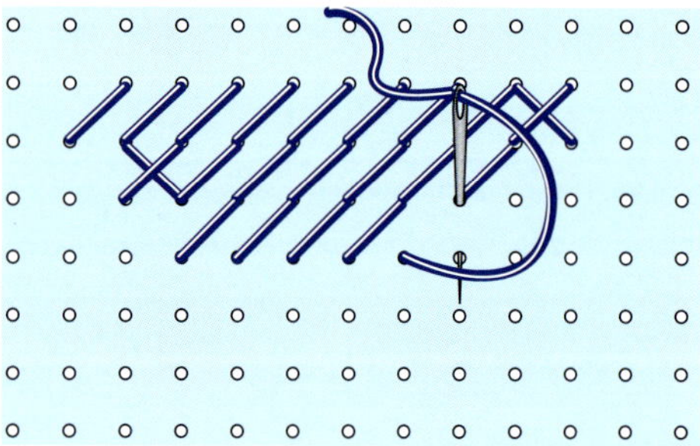

5. Exécutez les demi-points de la troisième rangée, en piquant toujours de haut en bas.

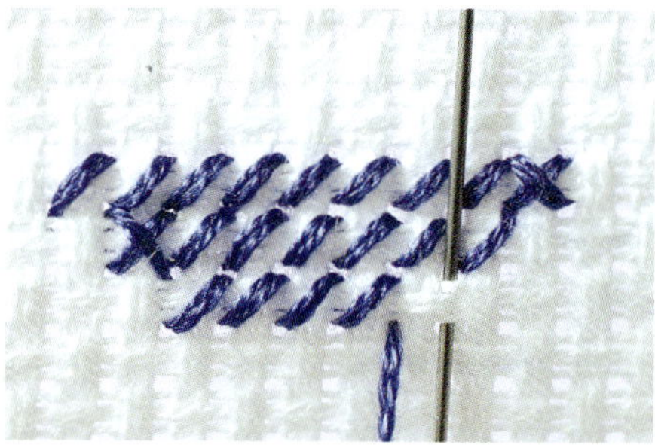

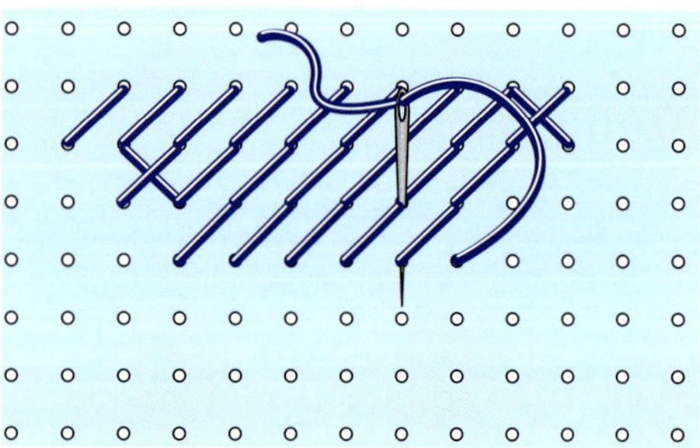

6. Complétez le dernier demi-point de la rangée, en piquant l'aiguille de haut en bas.

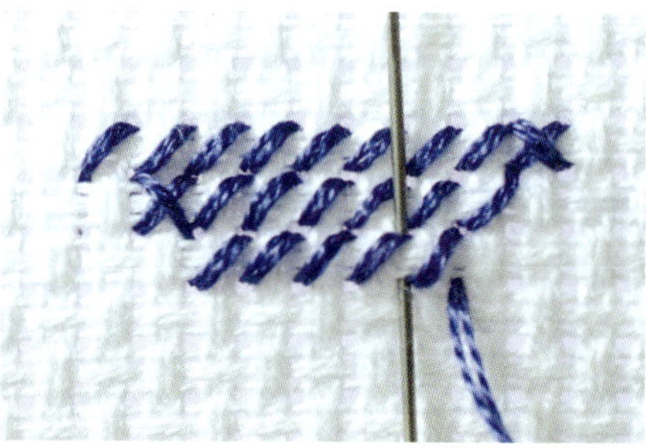

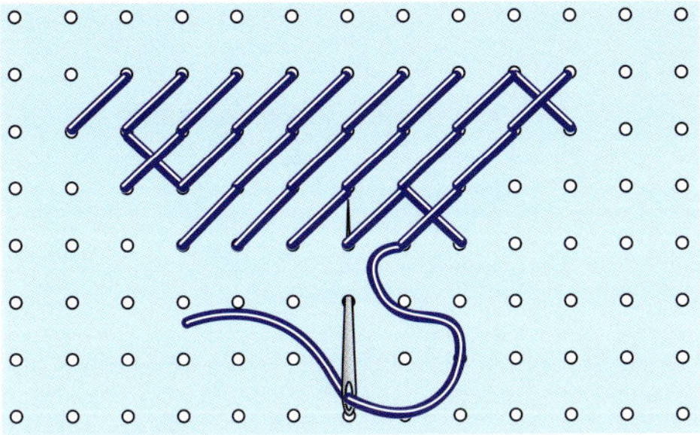

7. Exécutez le premier demi-point de la quatrième rangée, en piquant l'aiguille de bas en haut.

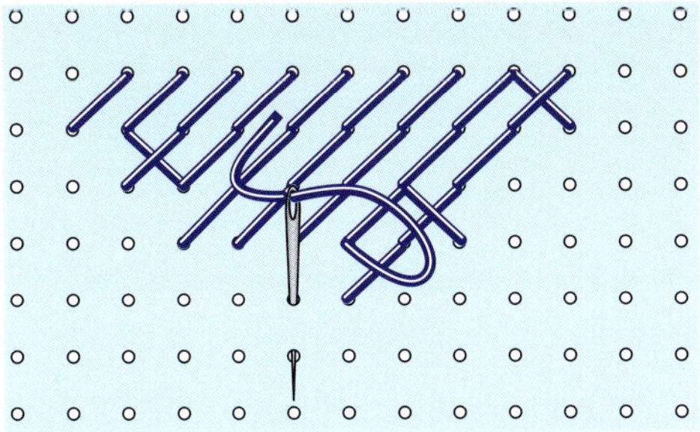

8. Piquez l'aiguille de haut en bas, pour exécuter le demi-point suivant et amorcer la rangée inférieure.

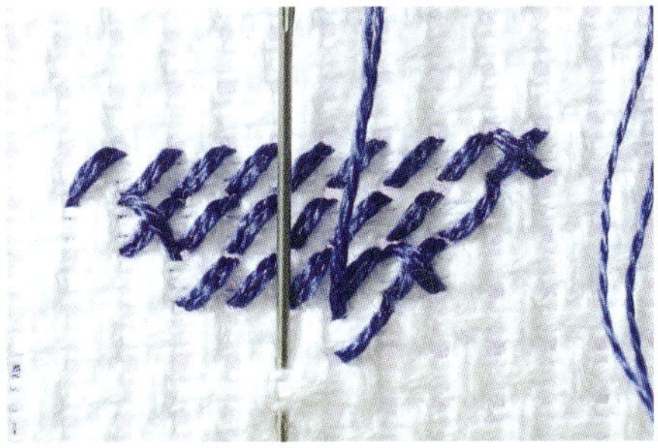

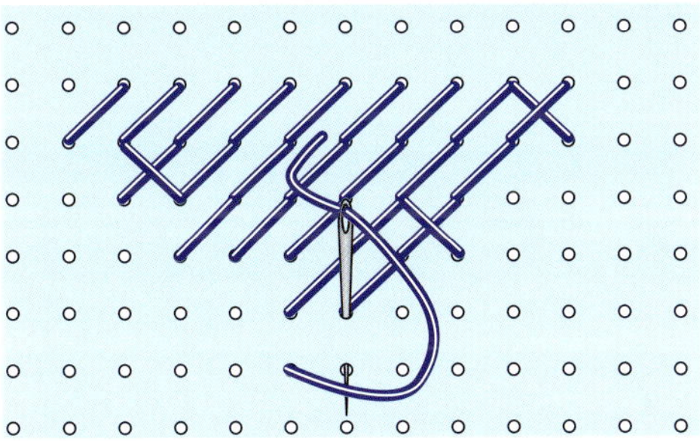

9. Exécutez le dernier demi-point, à la base du triangle.

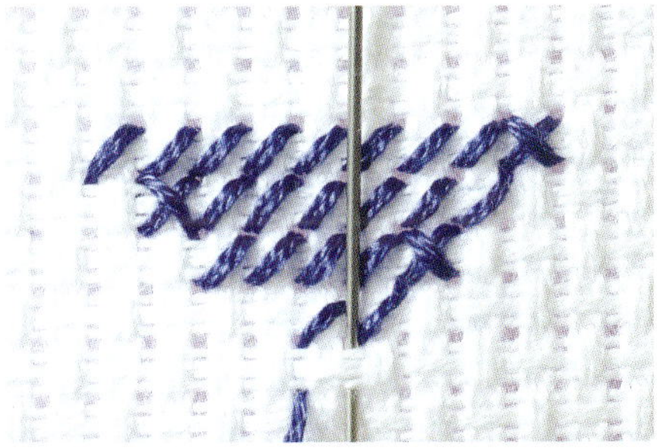

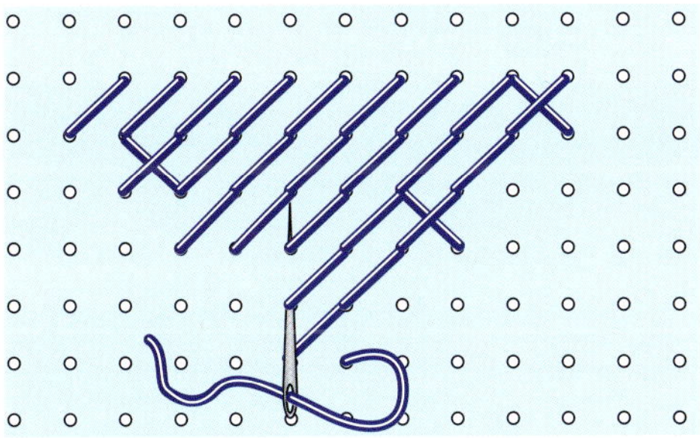

10. Retournez l'aiguille pointe vers le haut, pour compléter ce demi-point.

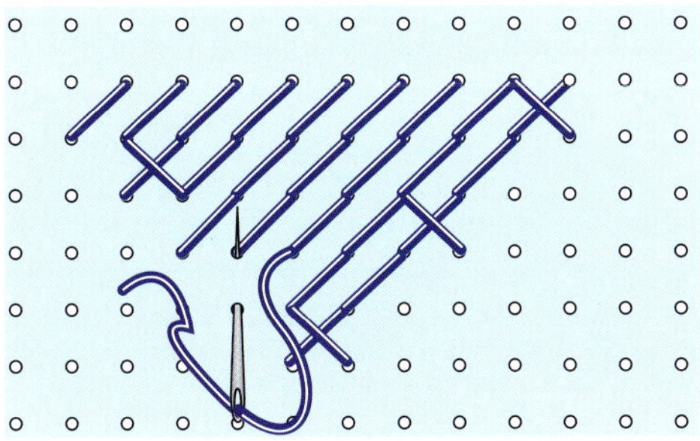

11. Exécutez le premier demi-point de la quatrième rangée, en piquant l'aiguille de bas en haut.

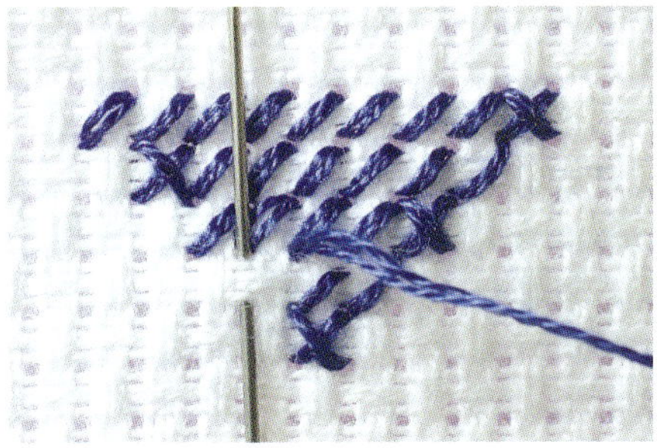

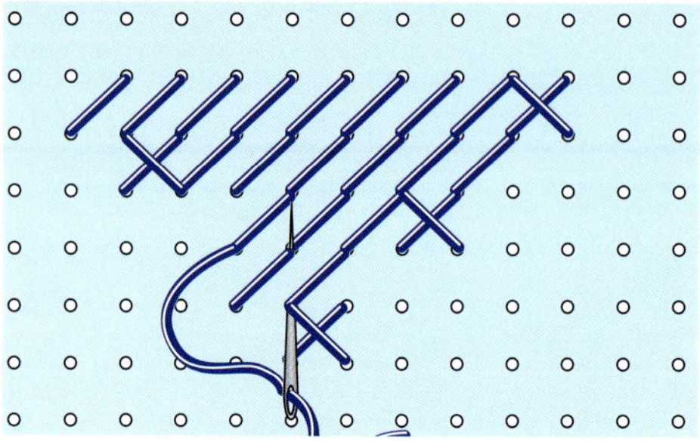

12. Retournez l'aiguille pointe vers le haut, pour compléter les demi-points de la quatrième rangée, en piquant l'aiguille de bas en haut.

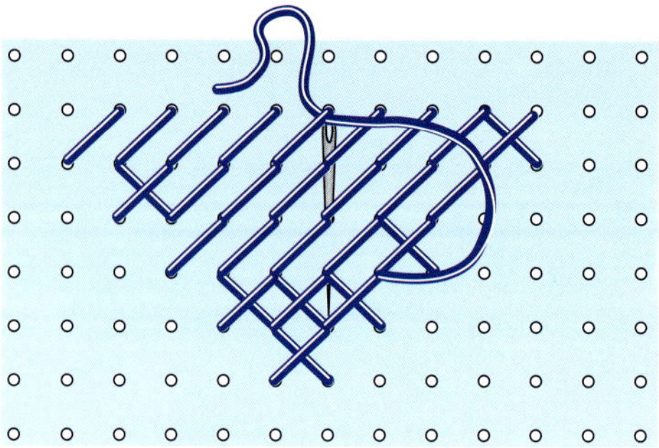

13. Retournez l'aiguille pointe vers le bas, pour compléter les demi-points de la troisième rangée.

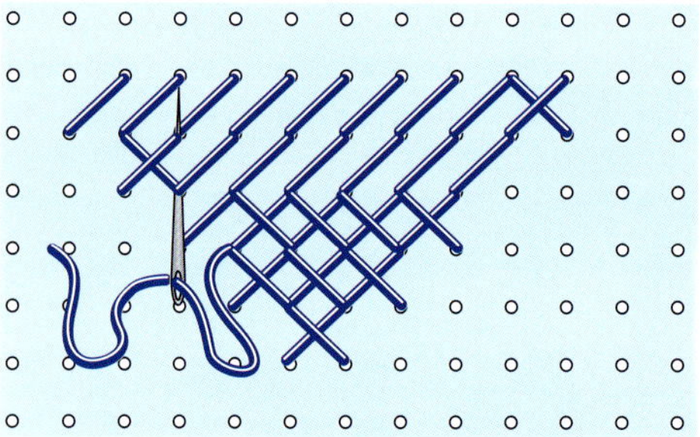

14. En arrivant à la fin de la troisième rangée, retournez l'aiguille pointe vers le haut, pour compléter les demi-points de la deuxième rangée.

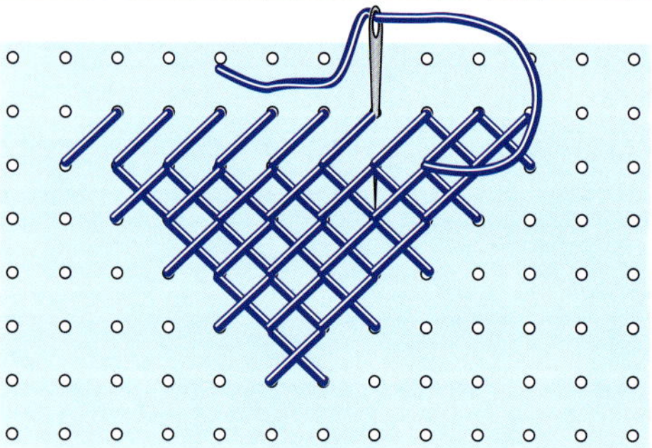

15. À la fin de la rangée, retournez l'aiguille pointe vers le bas, pour compléter les demi-points de la première rangée.

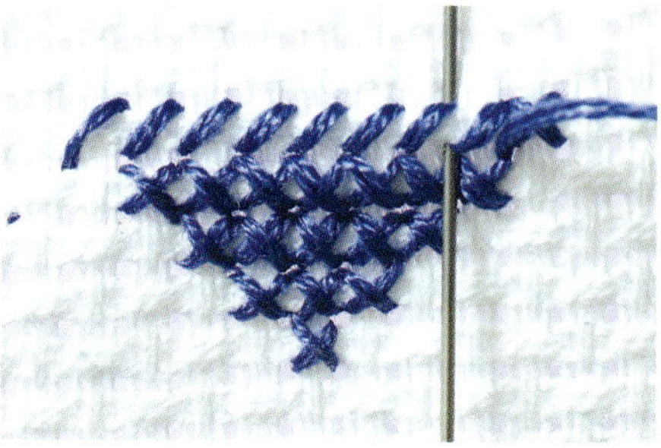

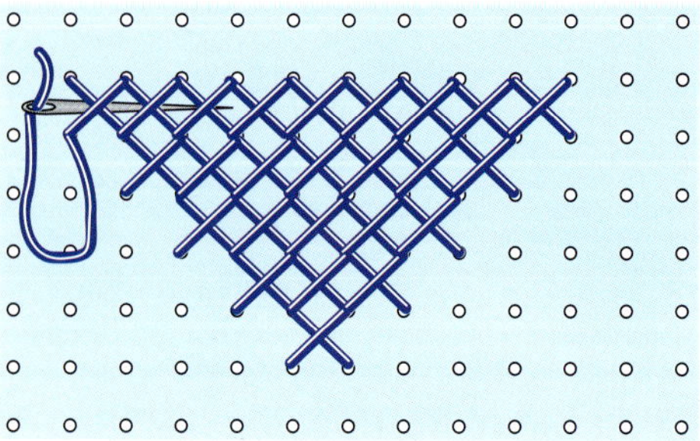

16. Quand vous avez terminé, fixez le fil en le passant, de gauche à droite, sous trois ou quatre points. Coupez-le avec des ciseaux bien aiguisés.

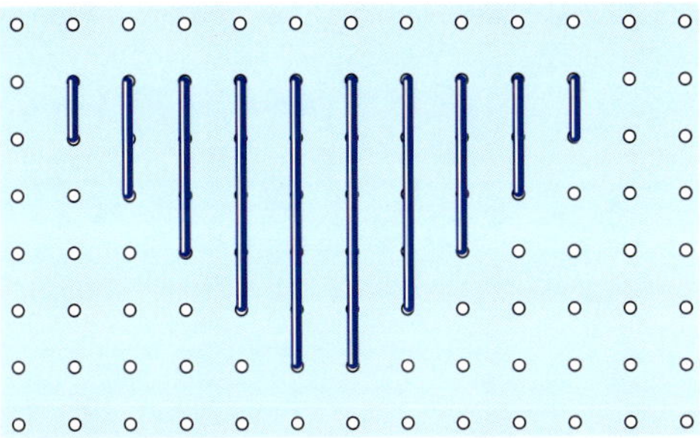

17. Retournez la toile : sur l'envers, les points doivent être verticaux et parfaitement alignés, très réguliers.

Associer augmentations et diminutions

Pour réaliser un « nœud » formé de deux triangles réunis horizontalement par la pointe, il faut commencer par le triangle de gauche, en effectuant des augmentations et des diminutions, poursuivre par le triangle de droite, en faisant également des augmentations et des diminutions, puis compléter les points de croix des deux triangles. Nous vous expliquons ci-après le processus à suivre pour que l'envers de la toile soit parfait.

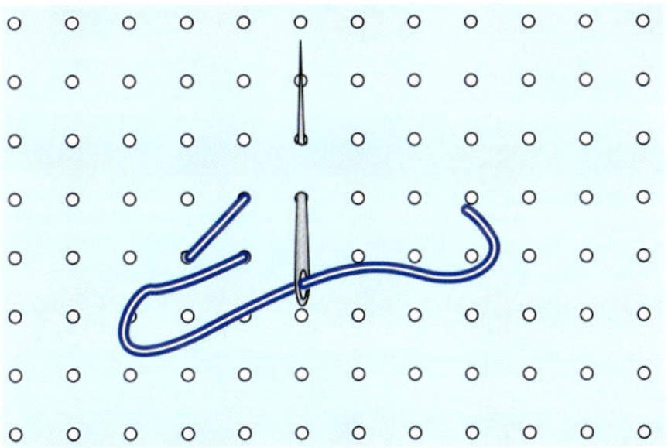

1. Exécutez le premier demi-point de l'ouvrage, en piquant l'aiguille vers le bas. Exécutez le demi-point suivant, mais en piquant, cette fois, l'aiguille vers le haut.

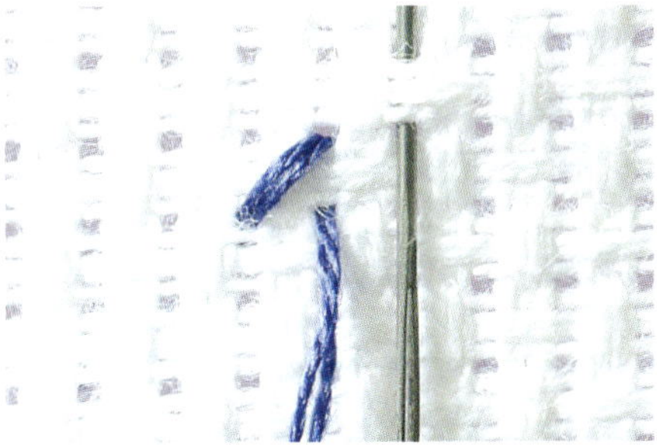

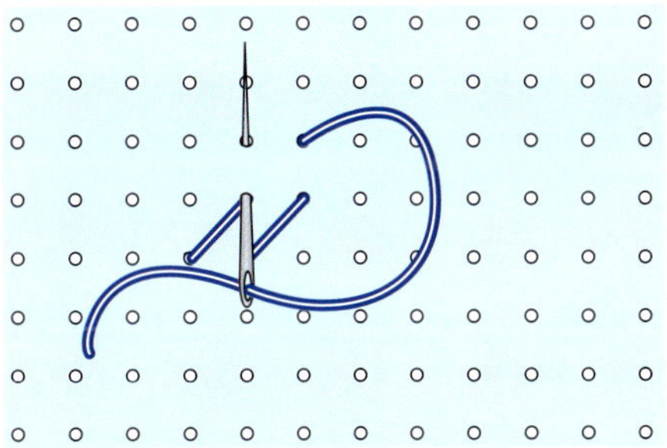

2. Revenez sur la gauche, pour exécuter un demi-point dans le prolongement du premier demi-point, en piquant toujours de bas en haut.

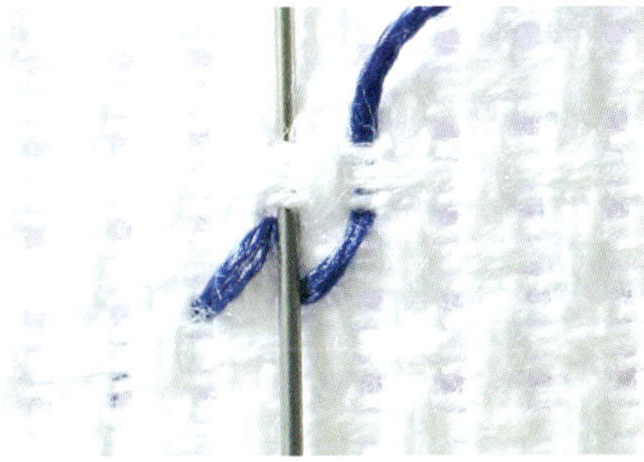

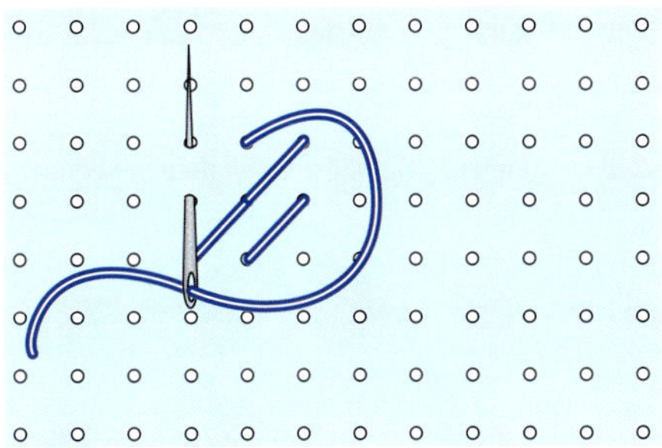

3. Exécutez le dernier demi-point de la deuxième rangée, en piquant l'aiguille verticalement de bas en haut.

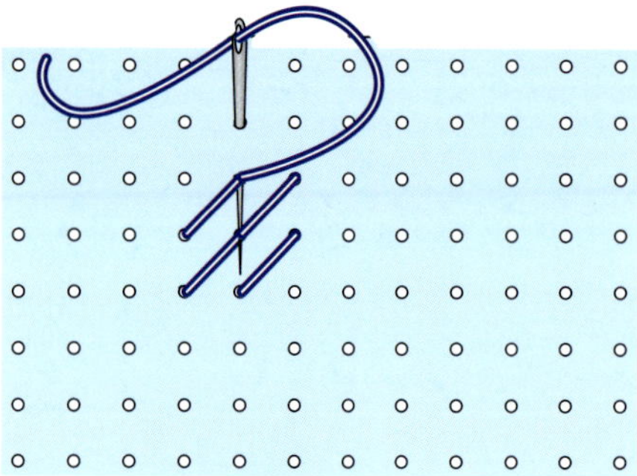

4. Retournez l'aiguille pointe vers le bas, pour exécuter le premier demi-point de la rangée suivante, situé au-dessus des premiers points des rangées précédentes.

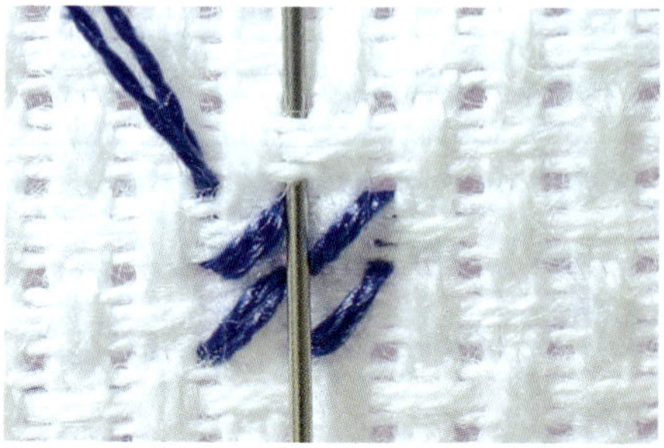

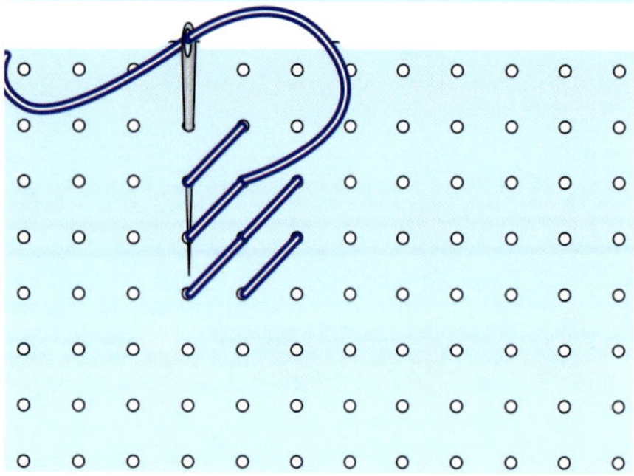

5. Piquez l'aiguille à gauche, de haut en bas, pour compléter ce demi-point.

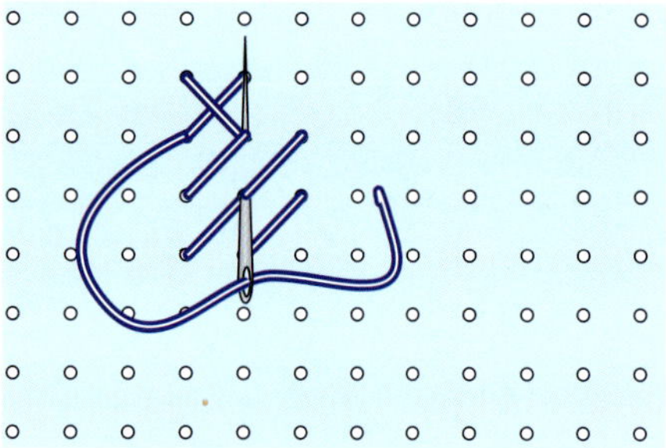

6. Complétez le demi-point situé juste au-dessous, en piquant l'aiguille à droite, de bas en haut.

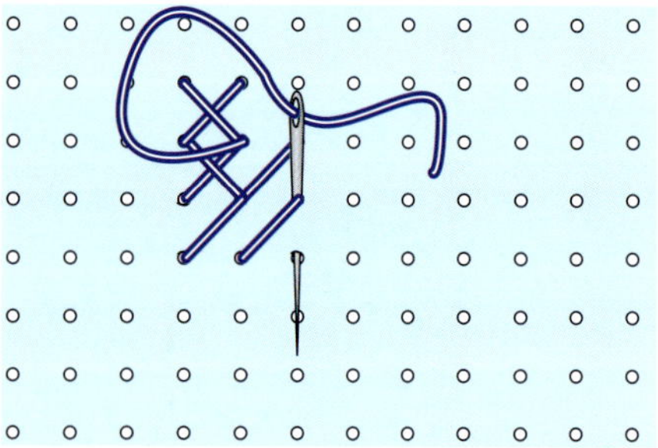

7. Retournez l'aiguille pointe vers le bas et complétez le demi-point situé à côté.

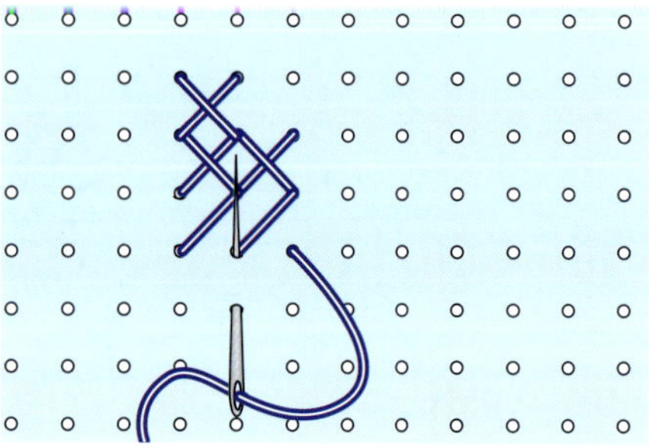

8. Exécutez le premier demi-point de la quatrième rangée, sans compléter les points de la troisième rangée.

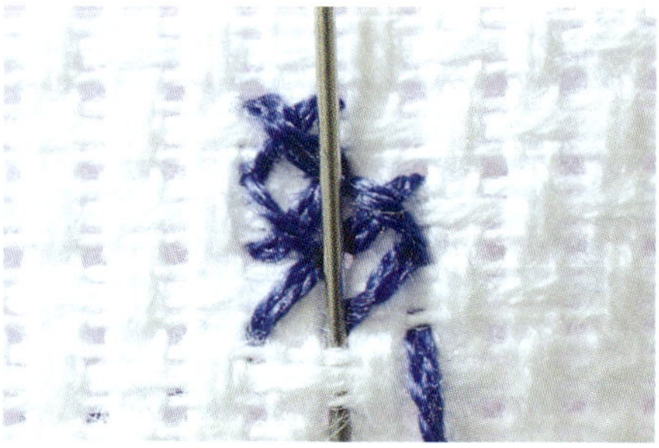

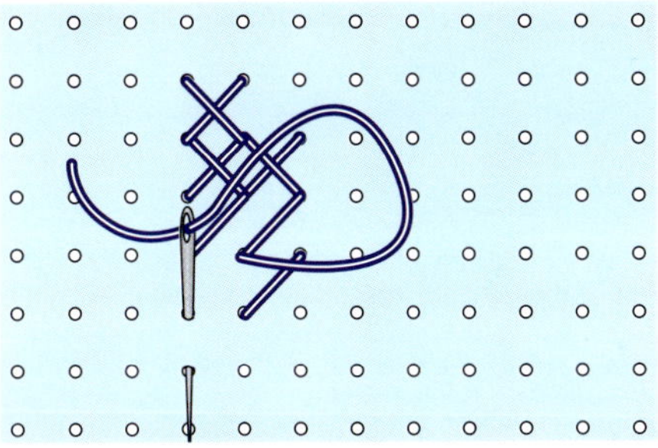

9. Retournez l'aiguille pointe vers le bas et exécutez le demi-point situé à l'extrémité gauche de la quatrième rangée.

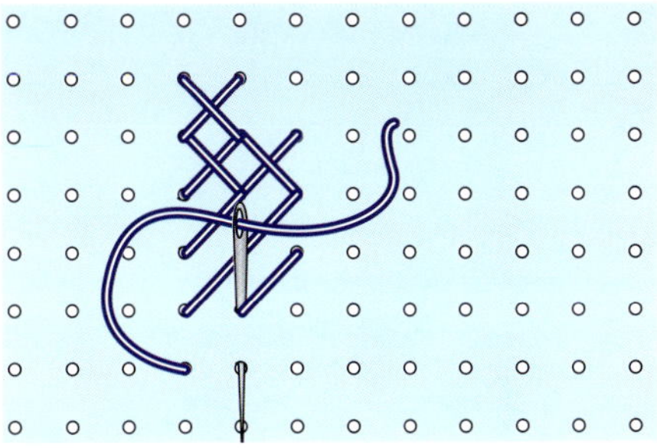

10. L'aiguille toujours pointe vers le bas, exécutez le premier demi-point de la cinquième rangée.

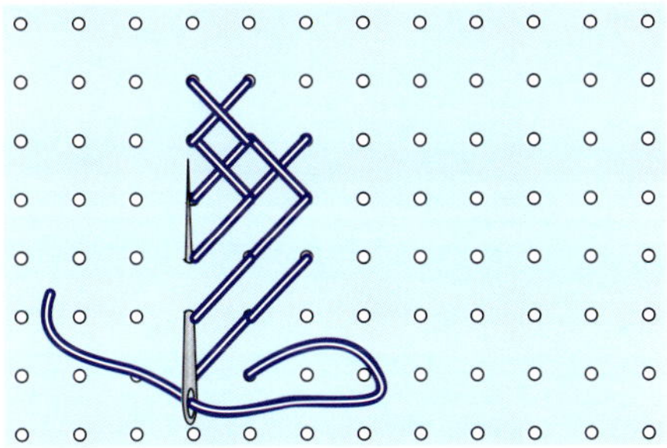

11. Complétez le demi-point que vous venez d'exécuter, en positionnant l'aiguille pointe vers le haut.

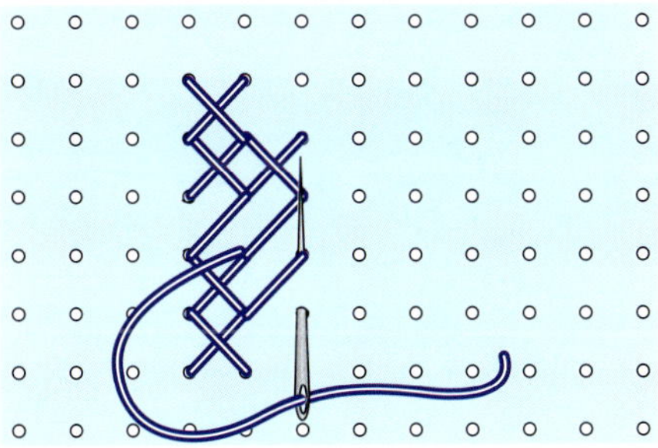

12. Complétez les demi-points de la quatrième rangée en travaillant de gauche à droite, pointe de l'aiguille vers le haut.

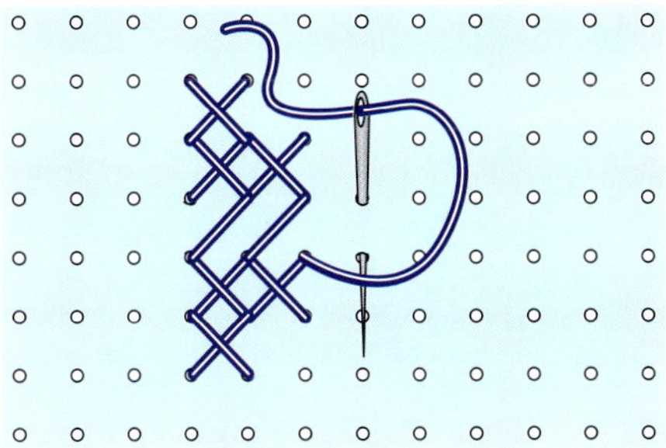

13. Retournez l'aiguille pointe vers le bas et exécutez le troisième demi-point de la troisième rangée.

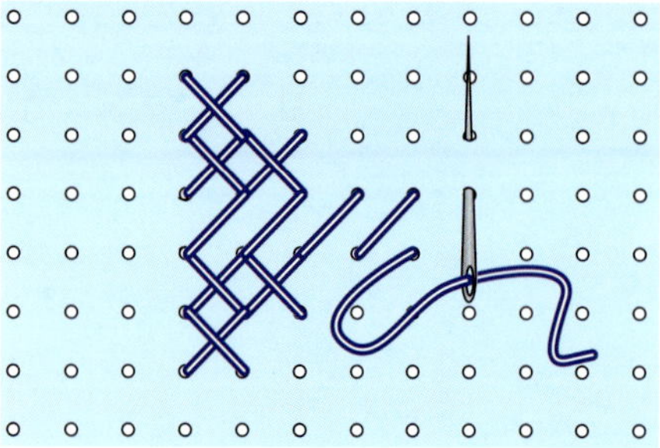

14. Exécutez le dernier demi-point de la troisième rangée, puis retournez l'aiguille pointe vers le haut, pour exécuter la deuxième rangée du triangle de droite.

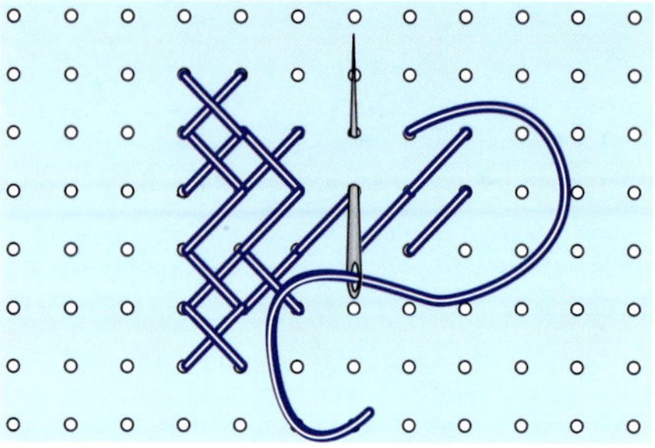

15. Exécutez le deuxième demi-point de la deuxième rangée, en tenant toujours l'aiguille pointe vers le haut.

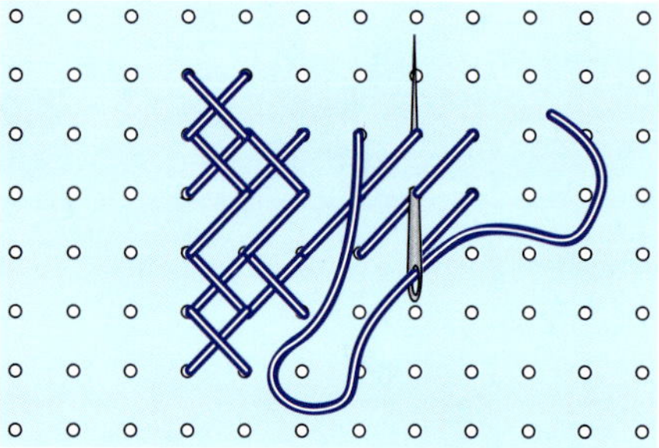

16. Complétez le premier demi-point de la deuxième rangée, pointe de l'aiguille toujours vers le haut.

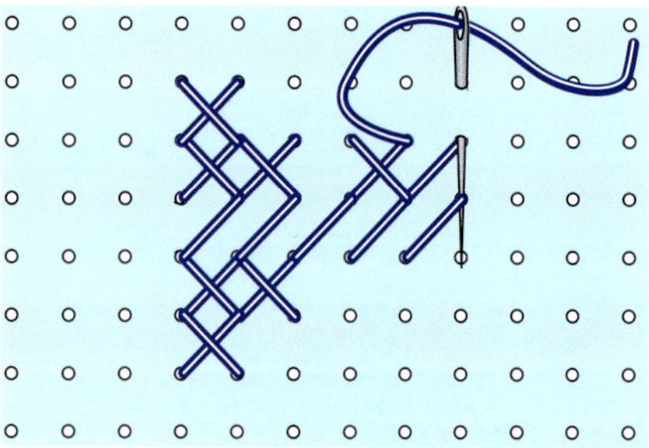

17. Retournez l'aiguille pointe vers le bas, pour réaliser le premier demi-point de la première rangée.

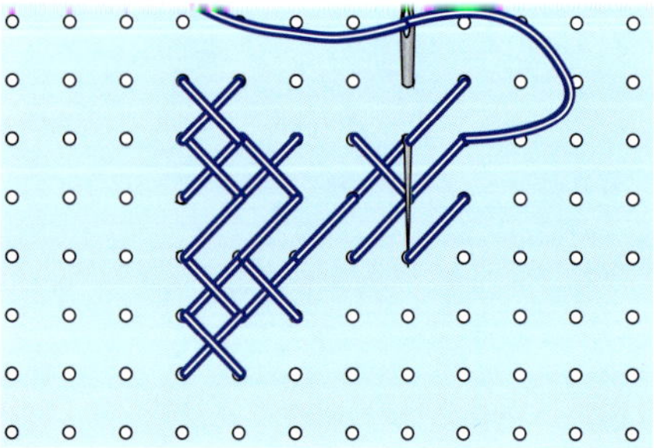

18. Complétez ce demi-point, la pointe de l'aiguille toujours vers le bas.

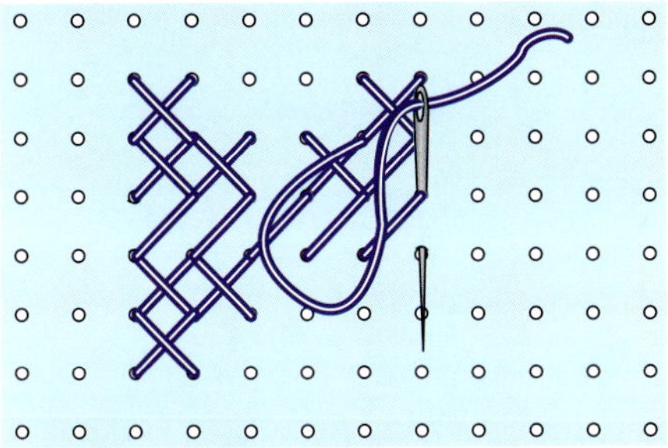

19. Complétez le dernier demi-point de la deuxième rangée, en piquant l'aiguille vers le bas.

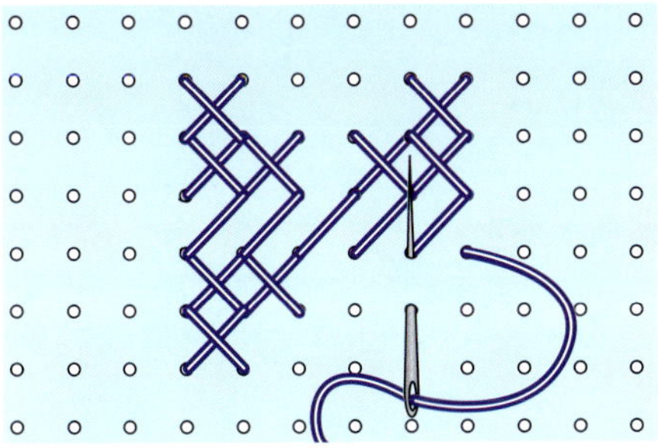

20. Retournez l'aiguille pointe vers le haut, pour commencer la quatrième rangée.

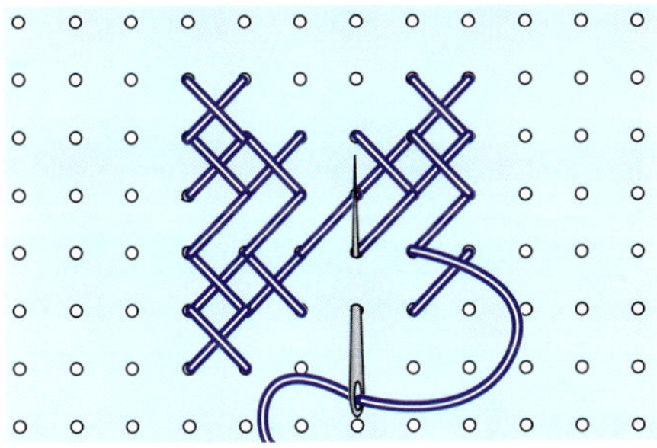

21. Exécutez le premier demi-point de la quatrième rangée.

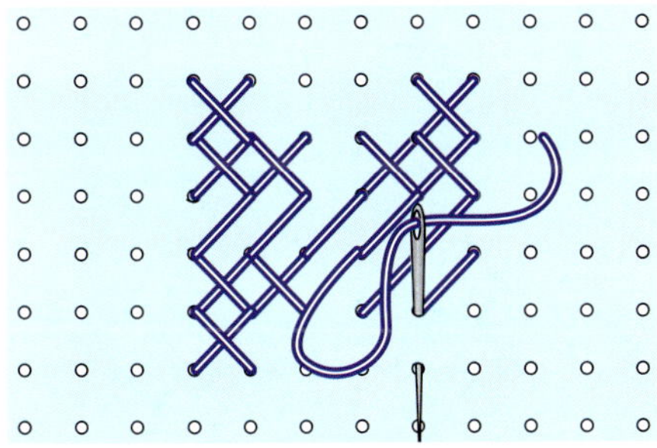

22. Complétez le demi-point que vous venez d'exécuter. L'aiguille est alors en position pour l'exécution du demi-point de la rangée suivante.

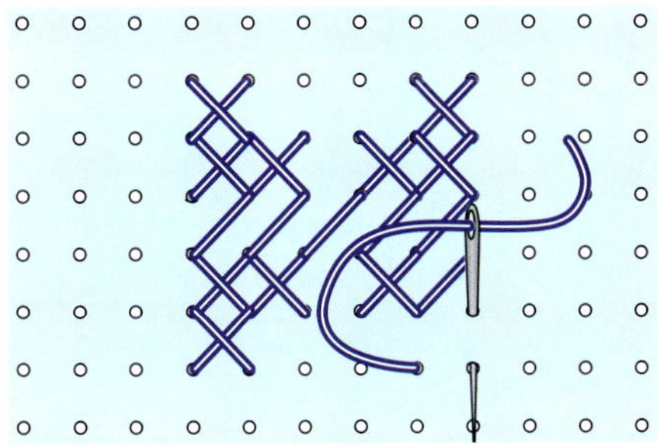

23. Exécutez le demi-point de la cinquième rangée, en tenant toujours l'aiguille pointe vers le bas.

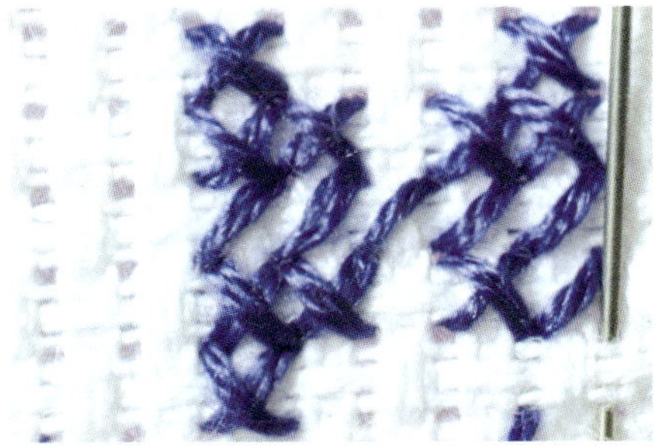

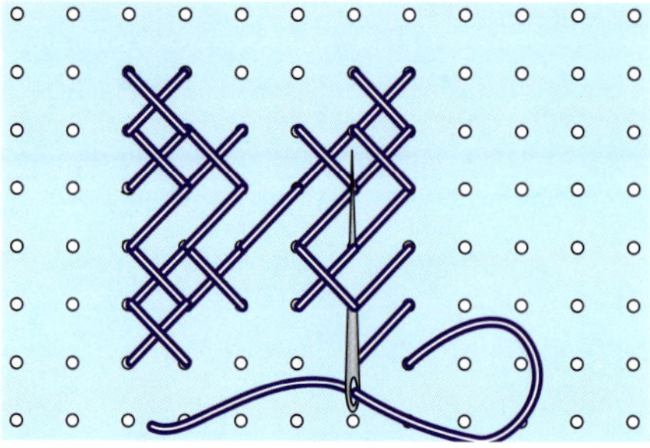

24. Retournez l'aiguille pointe vers le haut, pour compléter le demi-point que vous venez d'exécuter.

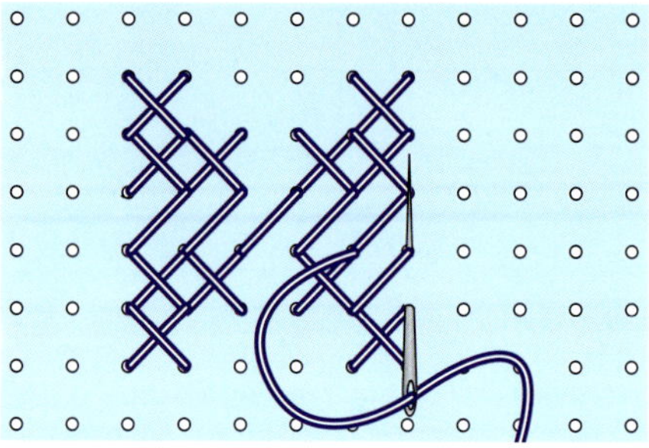

25. Complétez le demi-point de droite de la quatrième rangée, en piquant l'aiguille de bas en haut, plus à droite.

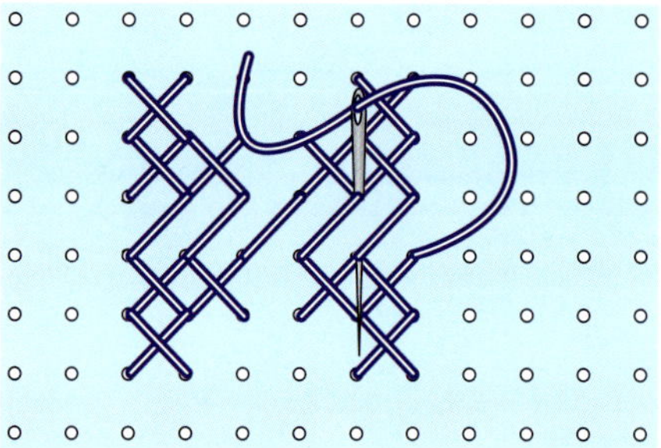

26. Complétez les demi-points de la troisième rangée, en piquant l'aiguille de haut en bas.

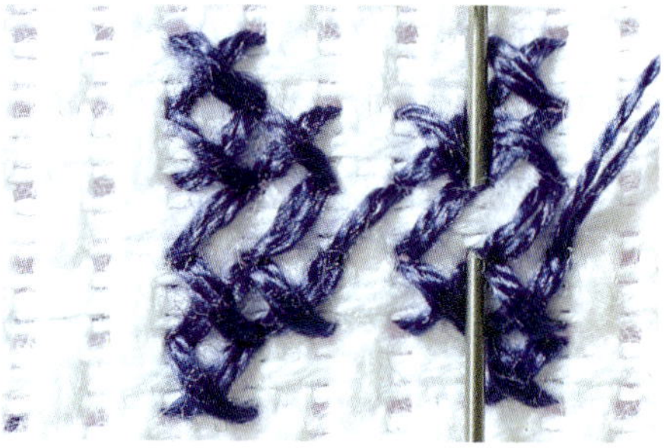

27. Exécutez le dernier point de croix de la troisième rangée, en piquant toujours l'aiguille de haut en bas.

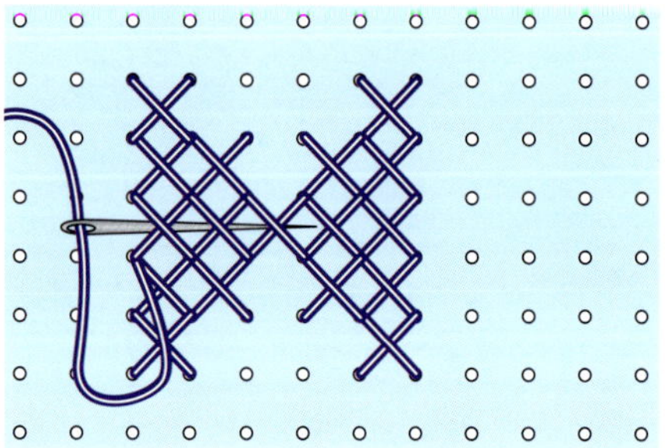

28. Pour fixer le fil, passez l'aiguille horizontalement sous trois ou quatre points, puis coupez le fil avec des ciseaux bien aiguisés.

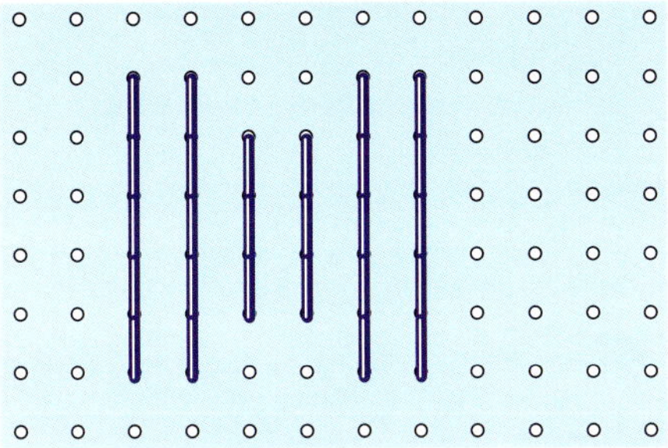

29. Lorsque la broderie est terminée, on doit voir des points verticaux parfaitement réguliers sur l'envers de l'ouvrage.

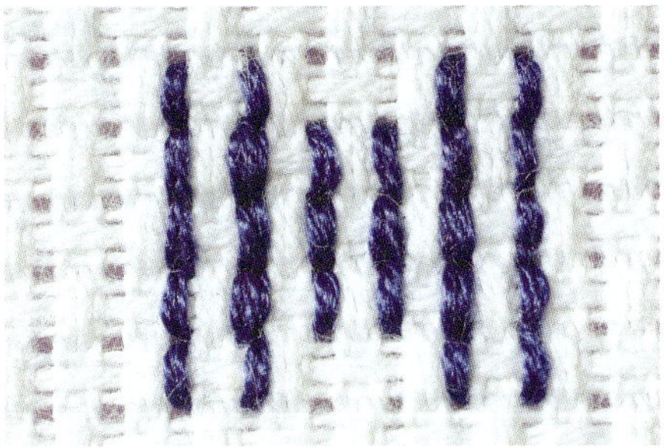

Comment changer de fil

En cours de travail, on est amené à s'interrompre régulièrement pour changer de fil. Voici comment procéder pour résoudre ce problème sans que l'interruption soit visible sur l'ouvrage.

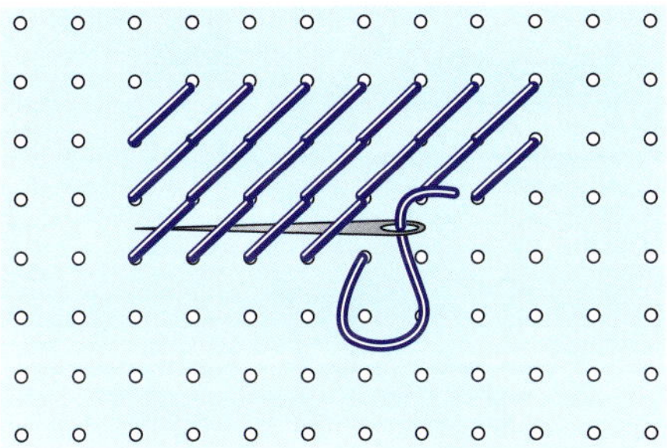

1. Quand l'aiguillée est terminée, arrêtez le fil en passant l'aiguille horizontalement sous trois ou quatre points, c'est-à-dire en ramenant l'extrémité du fil sous les derniers points.

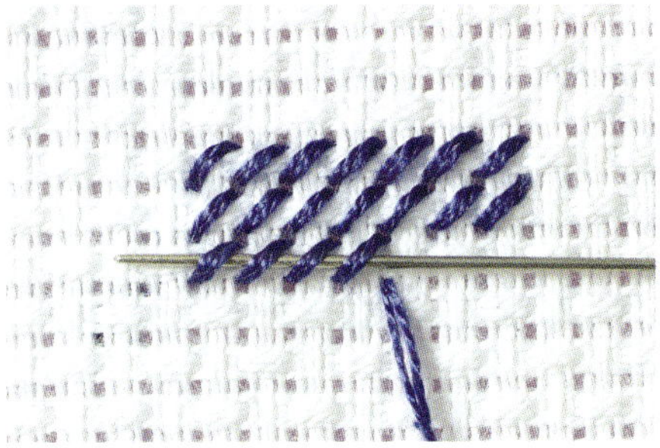

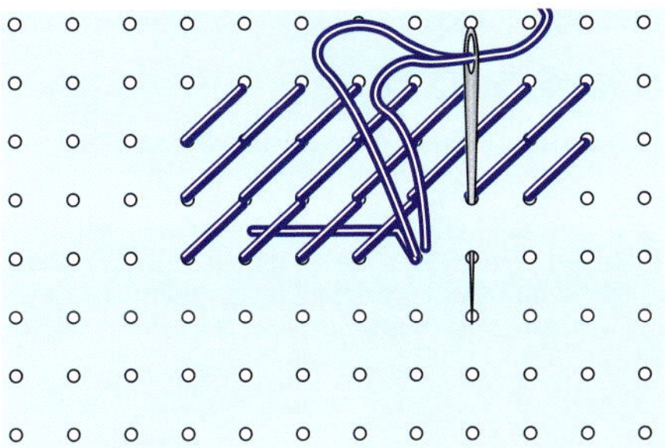

2. Enfilez à nouveau l'aiguille et poursuivez l'ouvrage en la piquant sur l'envers de la toile et en la faisant ressortir dans le trou de sortie du fil précédent.

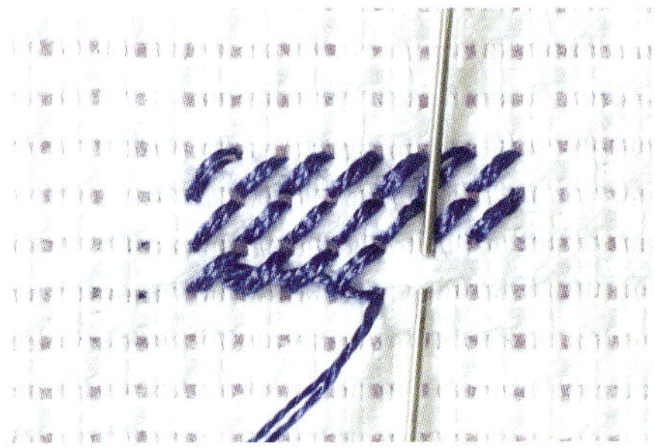

Si l'habileté joue un rôle essentiel dans la bonne exécution d'une broderie, il est tout aussi important de savoir arrêter correctement un fil en fin d'aiguillée et de raccorder une nouvelle aiguillée. Ces opérations influent beaucoup sur l'aspect final de l'ouvrage.

Comment arrêter le fil en fin d'ouvrage

Quand on termine un ouvrage, il faut arrêter correctement le fil pour que les points que l'on vient de broder ne se défassent pas. Voici comment procéder.

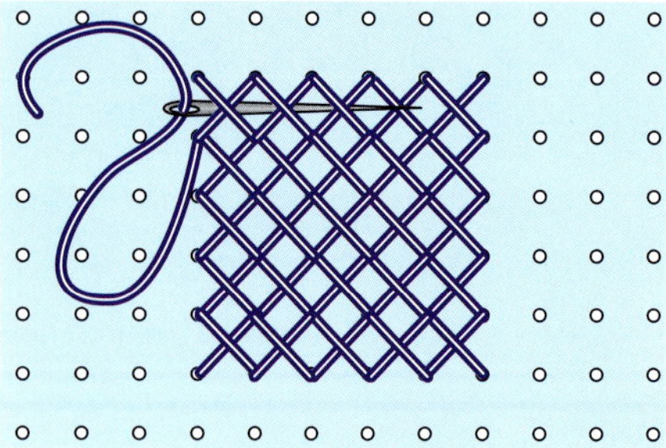

1. Une fois l'ouvrage terminé, ramenez le fil sous les trois ou quatre derniers points que vous venez de broder, en passant l'aiguille dans le sens horizontal.

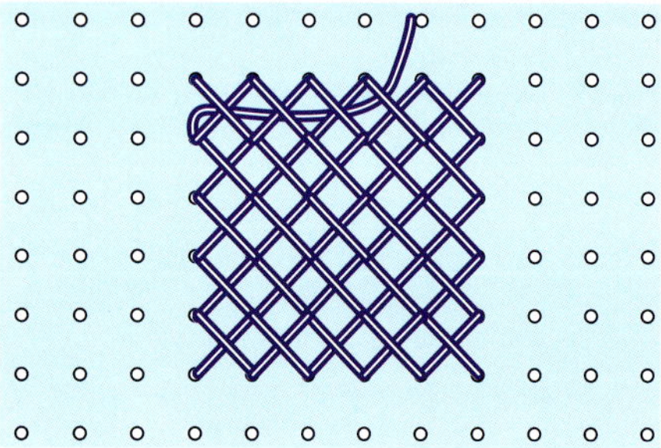

2. Tirez légèrement sur le fil, puis retirez l'aiguille, pour le libérer. Coupez le fil au ras de l'ouvrage.

Conseils pratiques

- *Vous n'êtes pas tenu d'exécuter votre ouvrage en suivant rigoureusement le modèle, et pouvez toujours introduire quelques modifications.*
- *Si vous voulez obtenir un résultat aussi parfait que possible et que les couleurs de votre ouvrage ne passent pas à la lumière ou au lavage, achetez des fils de qualité.*
- *Veillez à harmoniser les teintes du motif à celle de la toile.*
- *Efforcez-vous de garder votre ouvrage au propre et lavez-vous les mains avant chaque séance de travail.*
- *Exécutez un petit ourlet simple maintenu par un fil de bâti sur le pourtour de la toile pour éviter qu'elle s'effiloche.*
- *N'utilisez pas des aiguillées d'une longueur supérieure à 50 centimètres, sinon le fil risque de s'entortiller et de faire des nœuds, ou de s'effilocher.*
- *Lorsque vous brodez, ne tirez pas trop sur le fil pour ne pas déformer la toile, mais évitez aussi de travailler avec un fil trop lâche, car l'aspect final du motif en serait altéré.*
- *Utilisez toujours des ciseaux appropriés et bien aiguisés pour pouvoir couper le fil sans difficulté et aussi nettement que possible.*
- *Ne laissez pas trop longtemps votre ouvrage sur le tambour à broder, car la toile en conserverait la marque.*
- *Pour ne pas vous tromper sur le sens dans lequel vous devez broder, pensez à orienter dans la bonne direction la pointe de votre aiguille.*
- *Ne piquez jamais l'aiguille en diagonale, de façon à ce que l'envers de votre ouvrage reste parfaitement net.*
- *Évitez de broder de petits motifs isolément, car ils passeront inaperçus. Brodez-les en groupe.*
- *Espacez suffisamment les grands motifs pour les mettre davantage en valeur.*
- *Chaque fois que vous interrompez votre travail, piquez l'aiguille sur le bord de la toile.*
- *Si vous avez sali votre ouvrage, nous vous recommandons de le laver à la main, dans de l'eau tiède avec une lessive douce, puis de le rincer plusieurs fois à l'eau claire.*

1 Jeu de théières

Couleurs à utiliser

	DMC 157	K
	DMC 794	$
	DMC 3708	Ø
	DMC 164	@
	DMC Blanc	W
	DMC 3708 Point de piqûre	

Avec ce motif composé de trois théières brodées au point de croix sur une toile Aïda blanche dans deux tons de bleu, ponctués de rose et de vert, et d'une frise rose exécutée au point de piqûre, nous vous proposons de décorer un galon qui pourra habiller avec élégance une étagère de cuisine ou vous permettre de personnaliser des torchons, des sets de table ou un chemin de table.

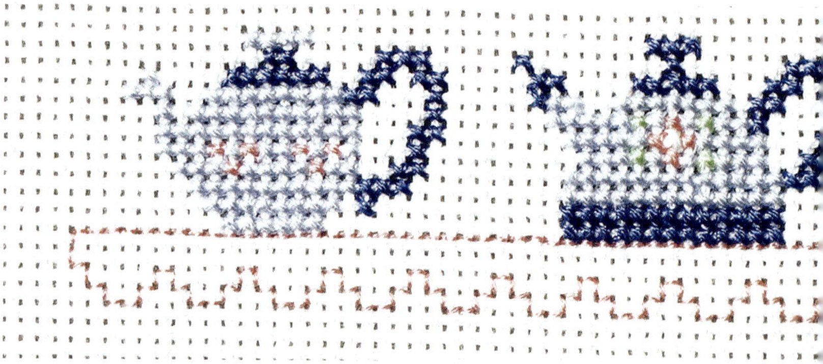

Fournitures

- Galon en toile Aïda
- Coton Mouliné Spécial DMC
- Dé
- Aiguille
- Ciseaux
- Modèle

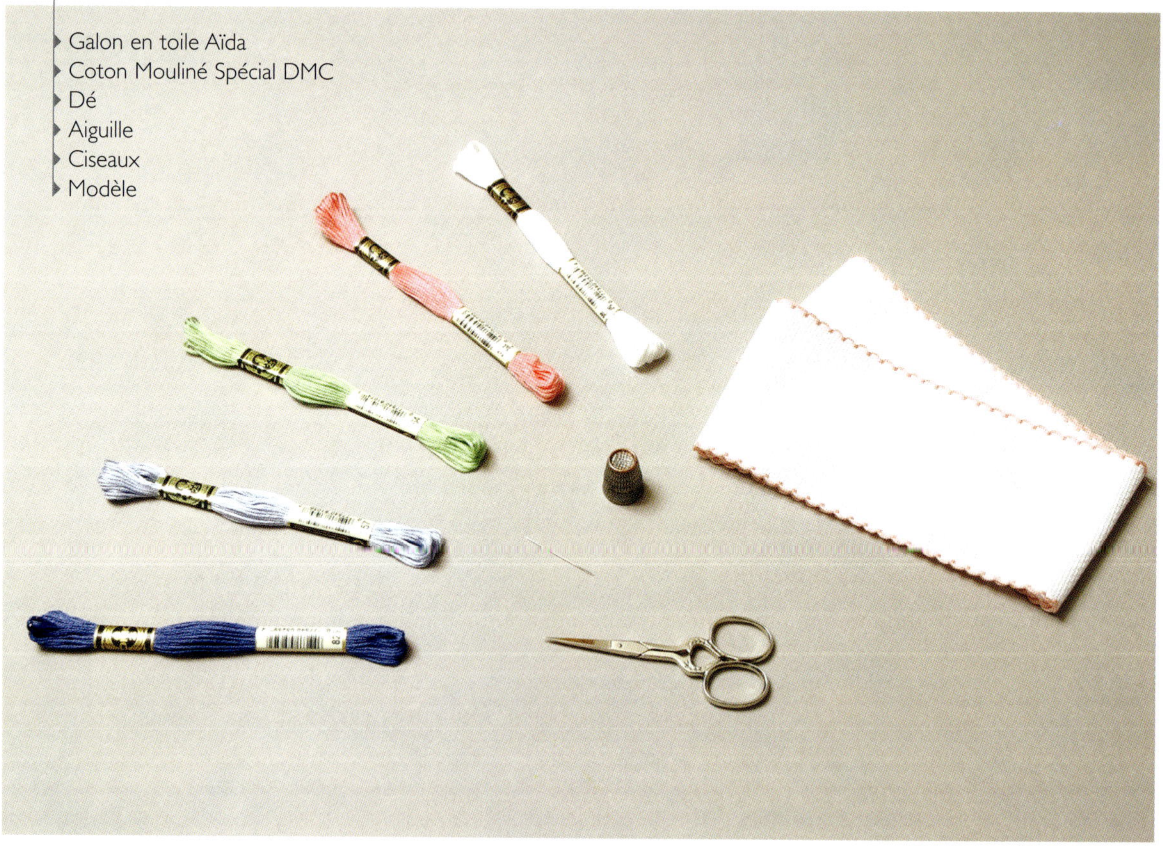

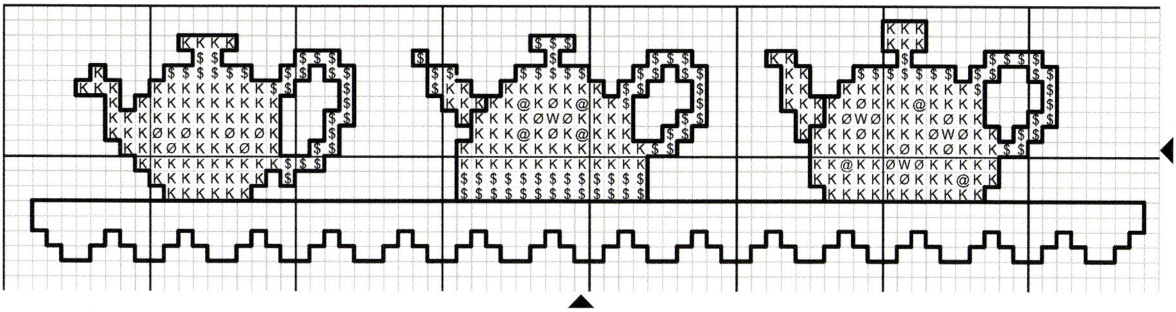

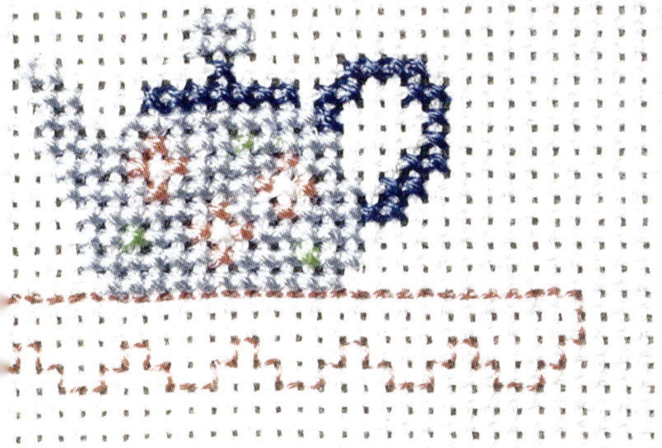

Travaillez toujours avec des mains parfaitement propres, pour ne pas salir votre ouvrage. Si vous utilisez un tambour ou un métier à broder, ne laissez pas trop longtemps la toile tendue dessus, pour éviter de la marquer ou de la déformer.

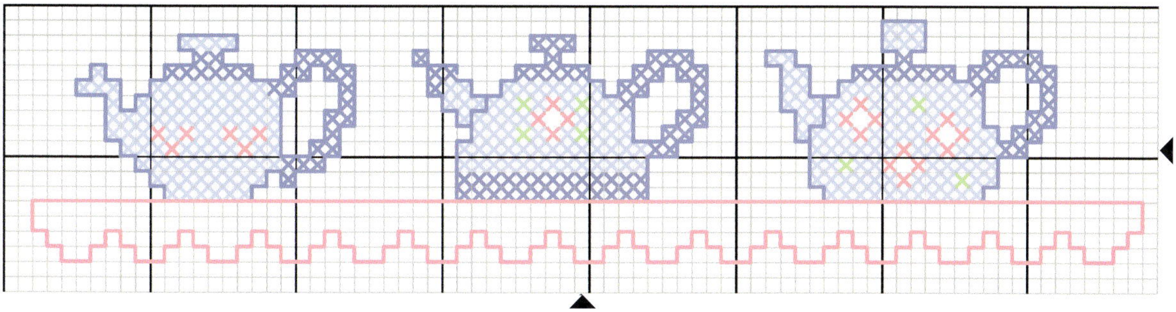

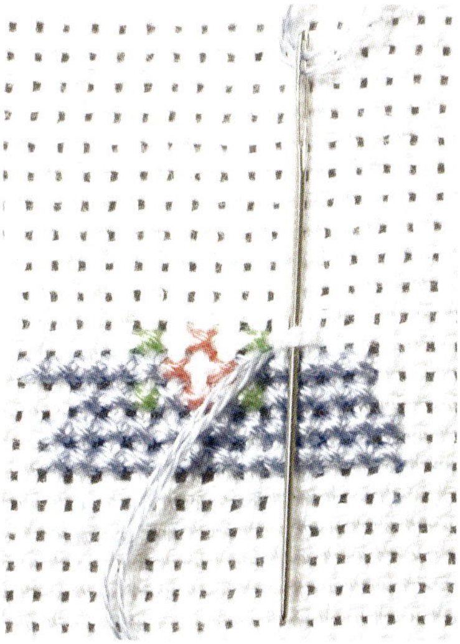

1. Pliez le galon en quatre, dans le sens de la longueur et de la largeur, et marquez les pliures pour situer le milieu du motif. Ici, il correspond à un point de couleur verte, sur la partie inférieure droite de la théière centrale. Commencez à broder en piquant l'aiguille verticalement, de haut en bas.

2. Broderie de la partie centrale de la théière, avec ses six rangées de points de croix bleu clair (DMC 157) et le motif brodé en rose et vert.

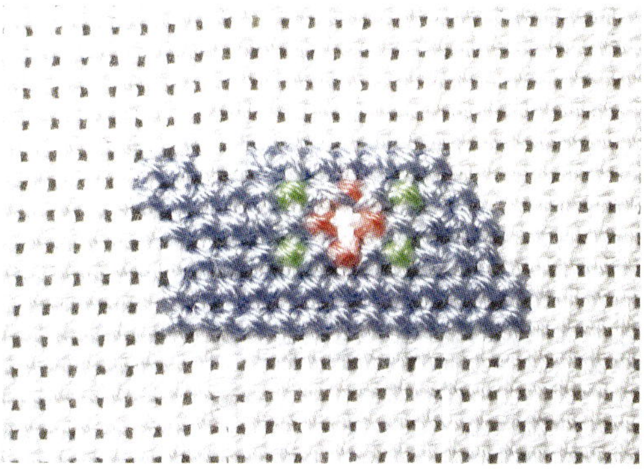

Le sens du travail est toujours déterminé par l'orientation de la pointe de l'aiguille vers le haut ou vers le bas.

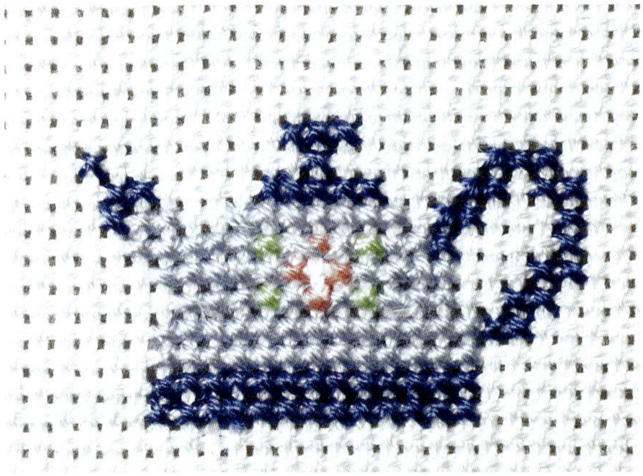

3. Poursuivez la broderie de la théière en exécutant deux rangées de points de croix bleu foncé (DMC 794) à sa base. Brodez son anse dans la même couleur, en suivant le diagramme.

4. Brodez également en bleu foncé le couvercle et l'extrémité du bec. La théière figurant au centre du motif, composée de quatre couleurs, est terminée.

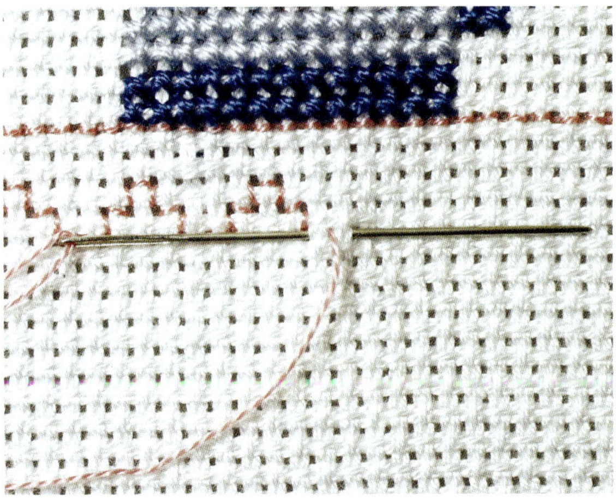

5. Pour exécuter la frise rose, commencez par broder au point de piqûre, de droite à gauche, la ligne droite supérieure. En arrivant au bout de cette ligne, exécutez deux points verticaux vers le bas, puis poursuivez en brodant de gauche à droite la ligne en zigzag formant le bas de la frise.

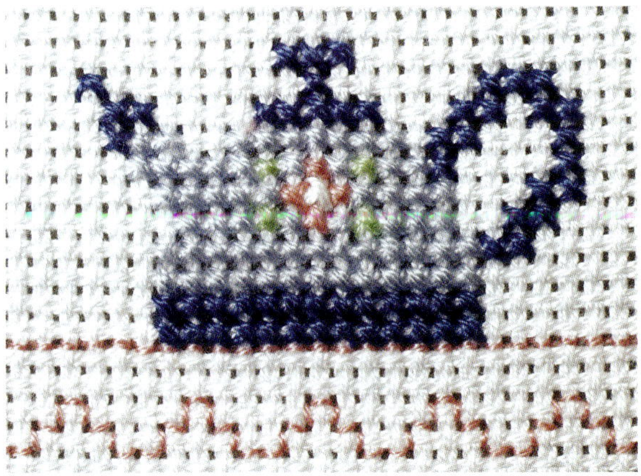

6. Détail du travail réalisé jusqu'à cette étape.

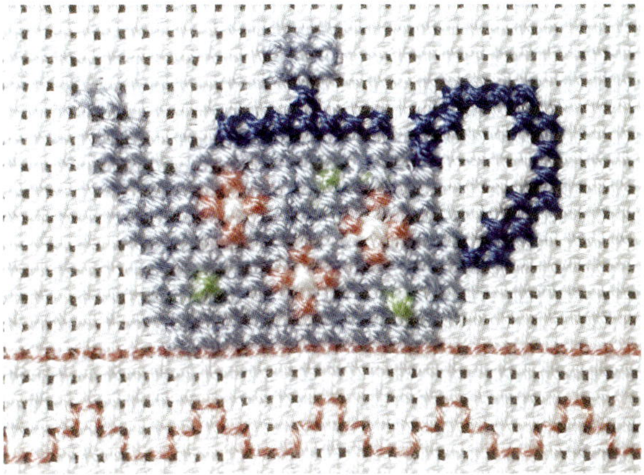

7. Brodez la deuxième théière, en procédant de la même manière que pour la première. Si vous vous référez au modèle, la théière présentée ici est celle qui se trouve sur la droite.

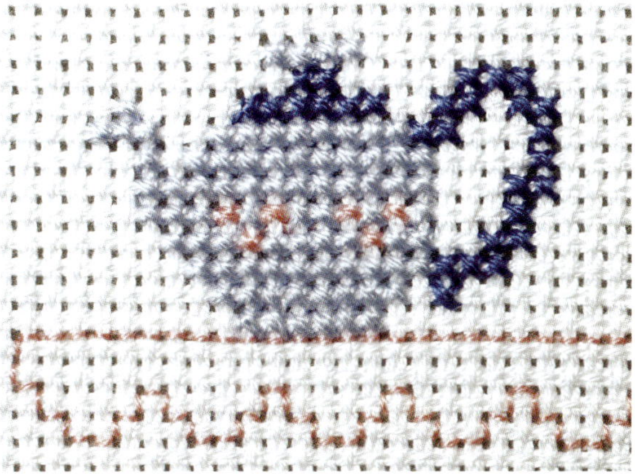

8. Poursuivez par la broderie de la troisième théière, dernière étape de l'ouvrage. Il s'agit ici de la théière située à gauche sur le modèle qui a servi de référence pour l'exécution de la broderie.

9. L'ouvrage est terminé. Bien qu'il soit d'une grande simplicité, cet ensemble de théières est particulièrement décoratif. Vous pouvez broder ce motif sur d'autres éléments, notamment des torchons, des maniques, des sets de table, etc., et décorer ainsi votre cuisine avec élégance.

Les galons en toile Aïda, disponibles dans des largeurs comprises entre 2,5 et 10 centimètres et présentant sur les bords une finition de couleur contrastée, peuvent être utilisés pour embellir draps, coussins, serviettes de toilette, sets de table, etc. La texture régulière de la toile facilite l'exécution du point de croix.

2 La chenille et la pomme

De nombreux vêtements d'enfants peuvent être garnis d'une poche brodée au point de croix, comme cette robe. Les dimensions précises de la poche ne sont pas indiquées, car sa taille sera fonction de celle du vêtement sur lequel vous la coudrez. Cet exercice démontre qu'il est possible, avec un peu d'imagination, de joindre l'utile à l'agréable.

Couleurs à utiliser

	DMC 166	Ø
	DMC 165	E
	DMC 310	B
	DMC 3705	X
	DMC 666	%
	DMC Blanc	W
	DMC 780	J
	DMC 988	#
	DMC 987	$
	DMC 310 Point de piqûre	
	DMC 580 Point de piqûre	

Fournitures

- Vêtement
- Toile Aïda blanche
- Biais rouge
- Bobine de fil à coudre
- Coton Mouliné Spécial DMC
- Centimètre
- Dé
- Aiguille
- Ciseaux
- Modèle

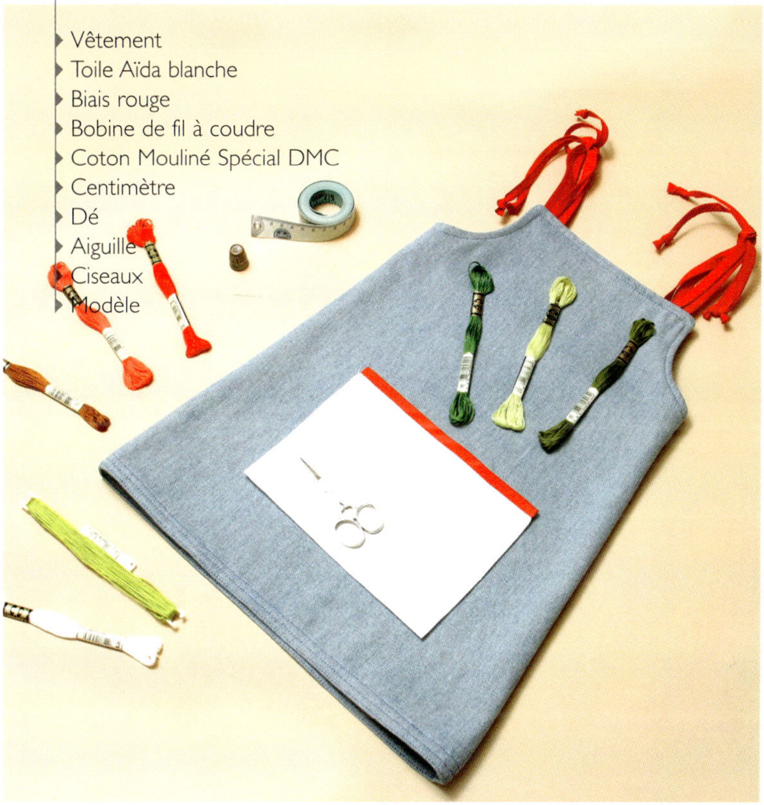

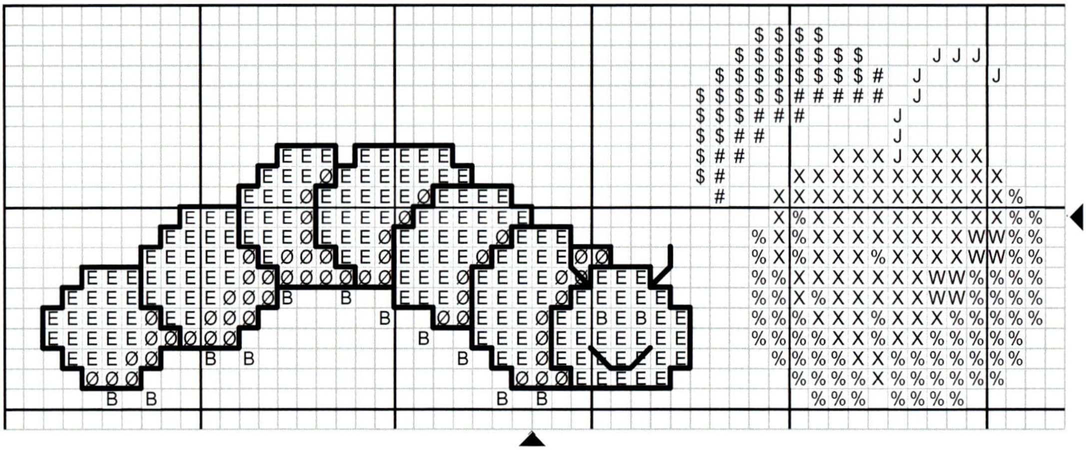

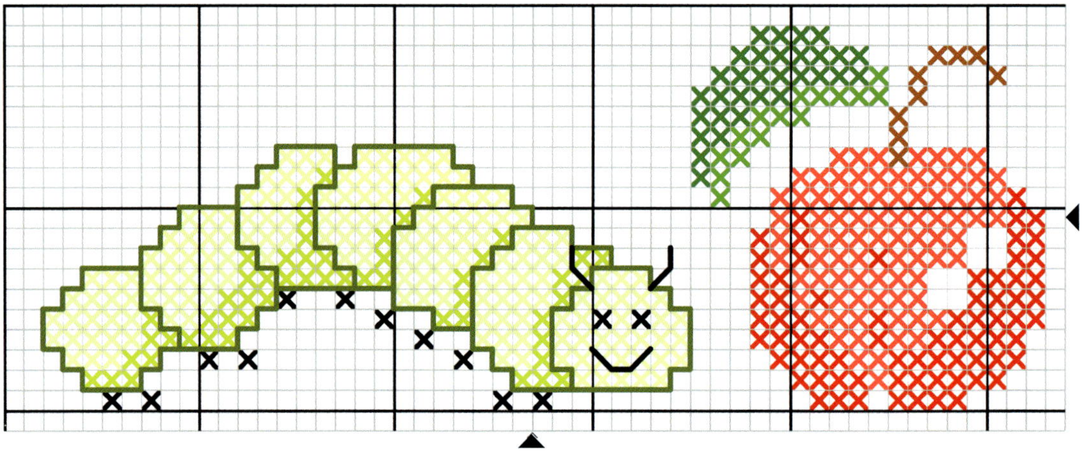

1. Le motif que nous vous proposons ici est adapté à la décoration d'un vêtement d'enfant. Après avoir choisi la taille de la poche, pliez la toile en quatre, marquez les pliures et faufilez l'axe médian vertical.

2. Commencez par les trois points supérieurs du premier anneau de la chenille, correspondant au centre du motif marqué par le fil de bâti.

3. Continuez à broder le corps de la chenille au point de croix dans deux tons de vert (DMC 165 et 166), puis ses pattes en noir (DMC 310), à l'aide de points isolés. Utilisez un seul brin de fil DMC 580 pour broder, au point de piqûre, le contour des six anneaux composant son corps.

Le fil de coton Mouliné DMC est composé de six brins. Utilisez deux brins pour le point de croix et un brin pour le point de piqûre. Pour éviter que le fil ne s'entortille, ne fasse des nœuds ou ne s'effiloche, employez des aiguillées de moins de 50 centimètres.

4. Réalisez la tête de la chenille avec le fil DMC 165, et les onze points qui la séparent du corps avec le fil DMC 166, en laissant en blanc les carrés correspondant aux yeux, que vous broderez ensuite en noir.

5. Pour les parties les plus foncées de la pomme, utilisez le fil DMC 666. Commencez par la partie gauche, et terminez par la partie droite. Observez la position de l'aiguille : elle vous indique le sens dans lequel vous devez travailler.

6. Travaillez de haut en bas avec le fil DMC 3705, pour remplir le reste de la pomme. Reportez-vous en permanence au diagramme, pour déterminer l'emplacement des carrés qui ne doivent pas être brodés. Après avoir brodé, de gauche à droite, les demi-points de la deuxième rangée, que l'on voit ici, travaillez de droite à gauche, pour les compléter et obtenir les points de croix, en piquant l'aiguille verticalement de haut en bas.

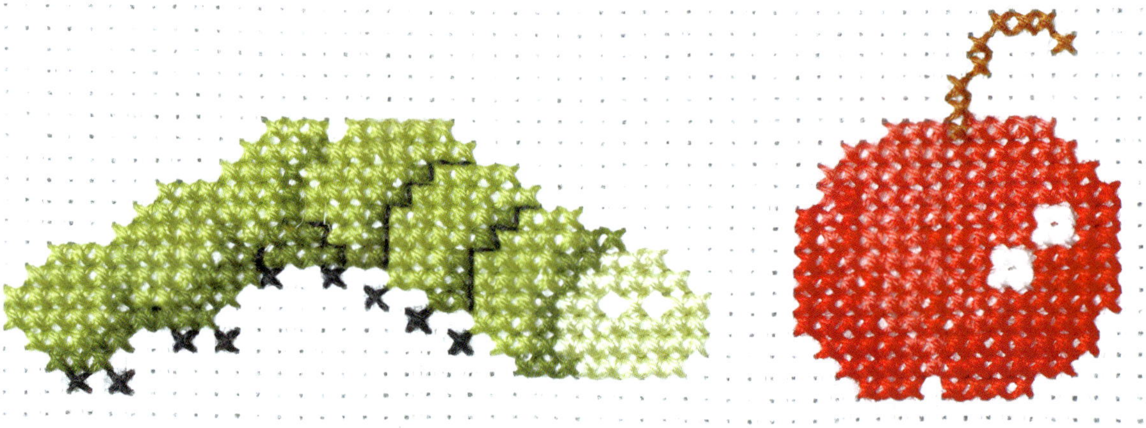

7. Brodez la queue de la pomme, de gauche à droite : trois points verticaux, deux autres décalés d'un carré, trois points horizontaux, de gauche à droite, et un point au-dessous, à droite. Retirez le fil de bâti.

8. Référez-vous constamment au diagramme et à la photographie du motif pour savoir comment travailler. Pour les antennes et la bouche de la chenille, utilisez un seul brin de fil noir et travaillez au point de piqûre. Pour la bouche, travaillez de gauche à droite, en brodant un point oblique, un point droit puis un autre point oblique.

9. Avant de commencer la partie supérieure de la feuille, avec le vert le plus foncé (DMC 988), comptez les carrés de la toile. Pour ce faire, partez du point de référence qui vous semble le plus simple, soit de la queue, soit de la partie supérieure de la pomme. Suivez attentivement le diagramme pour déterminer l'emplacement des points réalisés avec la couleur DMC 987, un vert légèrement plus clair, sur le bord droit de la feuille.

10. Pour terminer, brodez les points blancs représentant les reflets de la pomme. Quatre points pour chacun des deux reflets situés l'un à côté de l'autre, et un point pour le reflet de la base. Ce contraste de couleurs donne plus de relief à la pomme.

La beauté d'un ouvrage au point de croix dépend en grande partie du choix des couleurs et de l'association de diverses nuances, qui permettent de réaliser des dégradés d'une grande finesse.

11. Le motif est achevé. Si vous estimez que la chenille n'a pas suffisamment de relief, vous pouvez en souligner le contour d'un point de piqûre réalisé avec un brin de fil noir. Elle doit donner l'impression d'être sur le point de manger la pomme. Ce sera la touche finale de votre ouvrage.

3 Frise de fleurs stylisées

Couleur à utiliser

	DMC Blanc	£
	DMC Blanc Point de piqûre	

Pour cette frise brodée sur une serviette de toilette, nous avons choisi des fleurs stylisées, entourées de deux carrés et soulignées de deux lignes horizontales. Les motifs sont monochromes. Ils sont ici réalisés en blanc sur une serviette de toilette rouge, mais vous pouvez inverser les couleurs et broder des motifs rouges sur une serviette blanche. Cette élégante broderie doit être exécutée avec du coton Mouliné Spécial DMC.

Fournitures

- Serviette-éponge DMC spéciale broderie
- Coton Mouliné Spécial DMC blanc
- Bobine de fil de couleur contrastée
- Dé
- Aiguille
- Ciseaux
- Centimètre
- Modèle

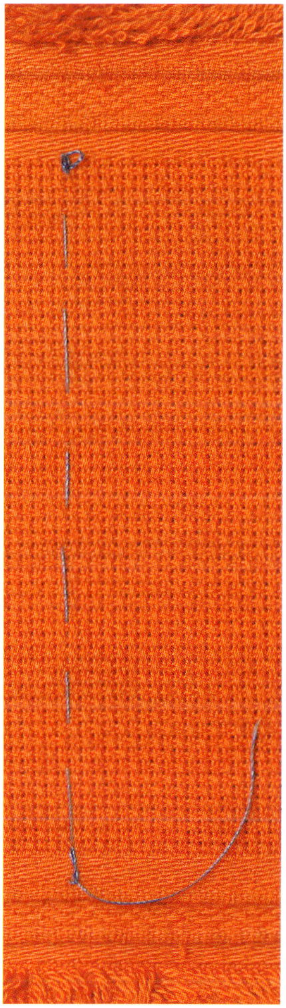

1. Mesurez la bande de la serviette, pour en déterminer le centre, et marquez l'axe médian avec un fil de bâti, afin de centrer le motif plus aisément.

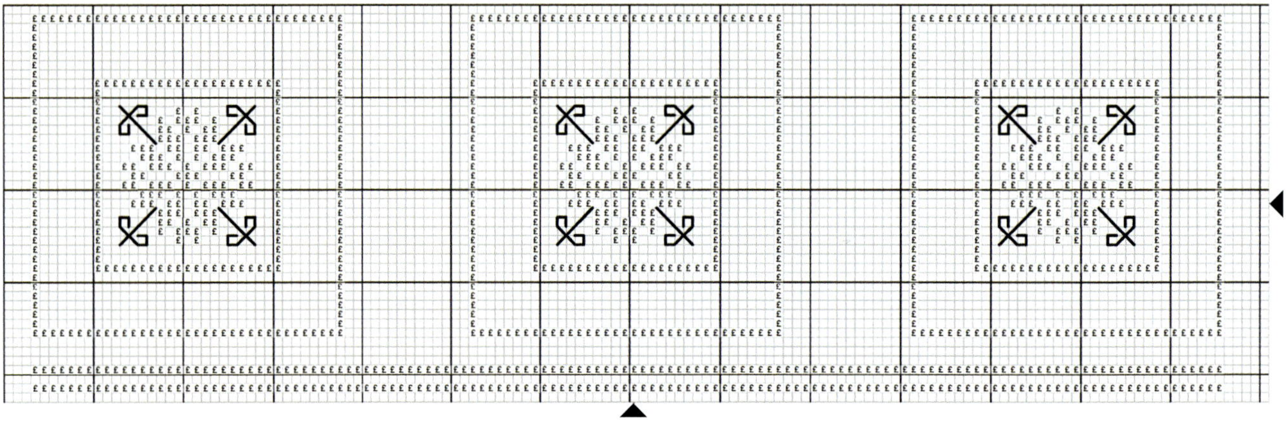

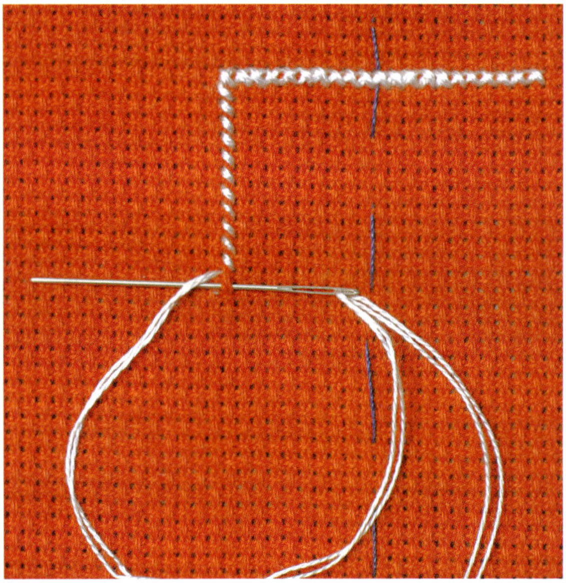

2. Commencez par broder au point de croix, avec le coton Mouliné blanc, le petit cadre central de la frise, en partant du bord supérieur.

3. Réalisez 21 points de croix à l'horizontale pour le côté supérieur du carré, puis le même nombre à la verticale pour le côté gauche.

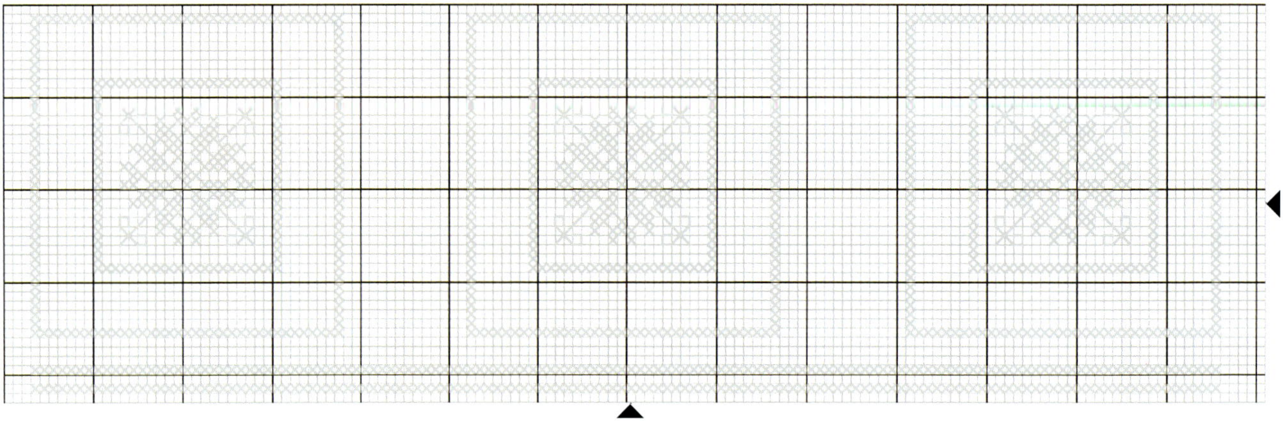

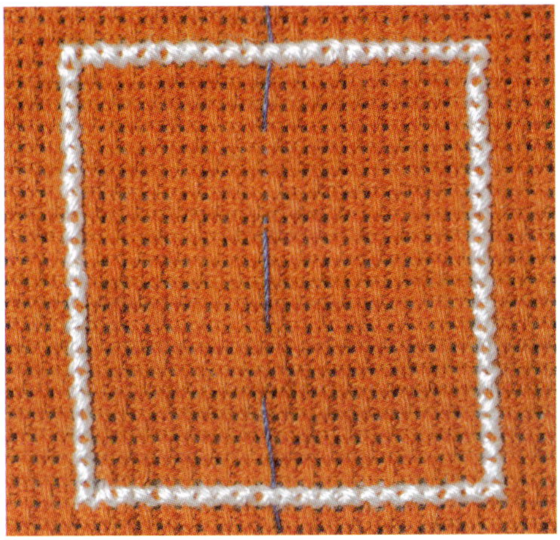

4. Lorsque vous avez achevé le cadre central, brodez les deux autres petits cadres situés de part et d'autre, à égale distance.

5. À sept ou huit carrés de la ligne du cadre central, réalisez un second cadre, constitué de 37 points de croix à l'horizontale et autant à la verticale. Puis faites les deux autres grands cadres, à droite et à gauche du motif central.

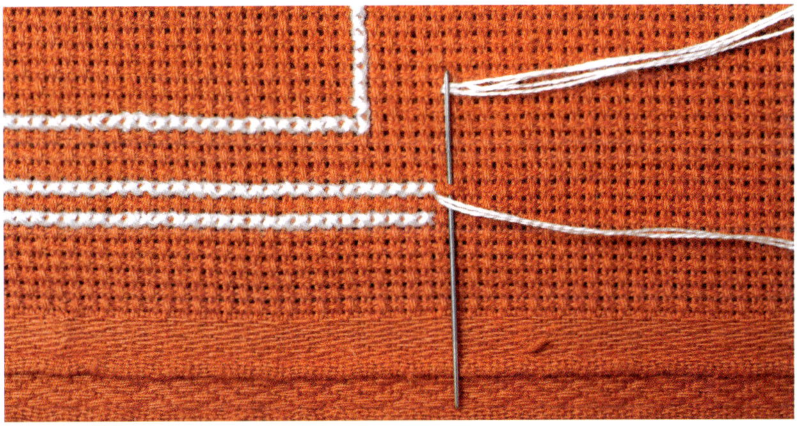

6. Toujours avec le fil blanc, brodez au point de croix les deux lignes parallèles situées sous les trois cadres.

7. À ce stade de l'ouvrage, le motif est constitué de trois figures géométriques soulignées de deux lignes parallèles.

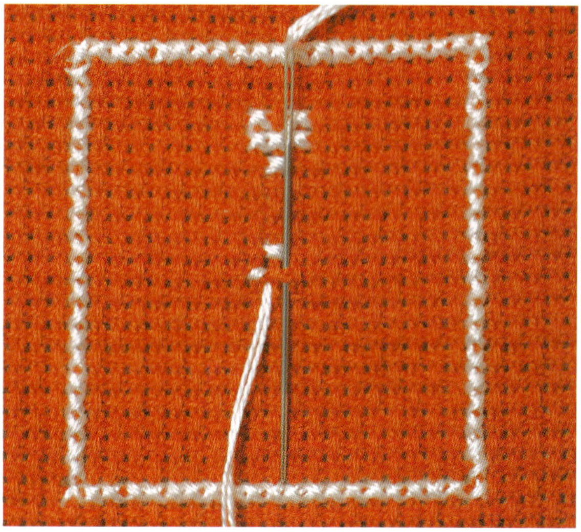

8. Brodez le premier motif floral, de gauche à droite, en commençant par le V supérieur. Poursuivez en brodant la croix centrale. Sur l'envers de l'ouvrage, vous devez voir deux lignes verticales doubles.

9. Après avoir déterminé le centre de la fleur et ses limites supérieure et inférieure, vous pouvez calculer l'emplacement des différents pétales de la fleur, à partir du centre.

Ne piquez jamais l'aiguille en diagonale. Piquez toujours de haut en bas ou de bas en haut, à la verticale, de façon à obtenir des lignes parallèles bien nettes sur l'envers.

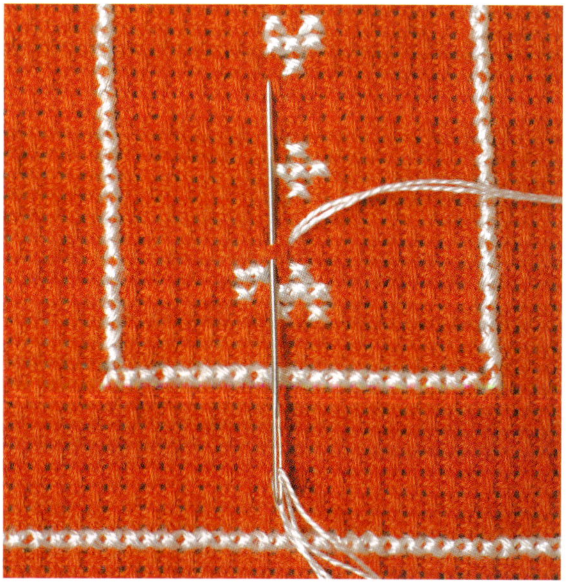

10. Après avoir défini le centre du motif, brodez les pétales inférieurs situés de part et d'autre de l'axe central.

11. Puis les pétales situés à droite et à gauche du V supérieur, en suivant attentivement le diagramme.

12. Brodez les pétales se trouvant sur la droite, en commençant par celui qui est situé dans la moitié supérieure du motif.

13. Lorsque vous aurez réalisé les trois quarts de la fleur, en respectant bien la distribution des points et des espaces, votre ouvrage aura cet aspect.

14. Après avoir terminé la broderie de la fleur au point de croix, complétez-la en brodant au point de piqûre, dans chaque angle, les motifs stylisés.

15. Pour ces éléments, n'employez pas d'aiguillées de plus de 40 centimètres de long : vous éviterez ainsi que le fil ne perde son brillant et ne se détériore.

16. Ce détail complémentaire, réalisé à l'aide d'un simple point de piqûre d'aspect linéaire, renforce l'effet décoratif du motif et lui donne plus d'élégance. L'ouvrage acquiert ainsi une certaine ressemblance avec la broderie d'Assise.

17. Le motif floral est terminé. Il montre qu'un motif peut être décoratif même s'il n'est pas très recherché. C'est précisément la simplicité de ce motif qui en fait l'intérêt ornemental et lui donne de la distinction.

On peut obtenir des frises très esthétiques avec des motifs géométriques brodés en une seule couleur et donner de la sorte un aspect raffiné à de simples serviettes de toilette. Pour les embellir davantage, vous pouvez aussi les border d'un picot réalisé au crochet. Ainsi décorées, elles seront appréciées de vos invités ou feront de magnifiques cadeaux.

4 Marmites et couverts en bois

Nous vous proposons ici de broder au point de croix une série de marmites de différentes tailles, accompagnées de couverts en bois et bordées d'une frise rouge en haut et en bas. Ce motif sympathique vous permettra d'égayer vos torchons ou essuie-mains. Rien ne vous empêche, bien entendu, d'utiliser ce motif pour décorer d'autres éléments dans votre cuisine : maniques, tablier, sets de table, etc., afin d'obtenir un ensemble parfaitement coordonné.

Couleurs à utiliser

	DMC 789	$
	DMC 666	&
	DMC 780	%
	DMC 318	?
	DMC 762	A
	DMC 310 Point de piqûre	
	DMC 789 Point de piqûre	

Fournitures

- Torchon de cuisine DMC spécial broderie
- Coton Mouliné Spécial DMC
- Centimètre
- Bobine de fil de couleur contrastée
- Aiguille
- Dé
- Ciseaux
- Modèle

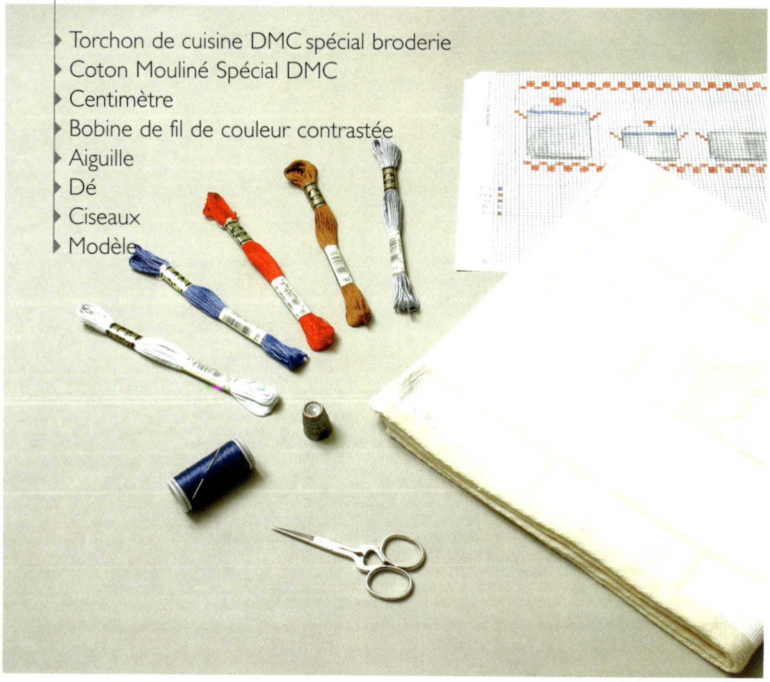

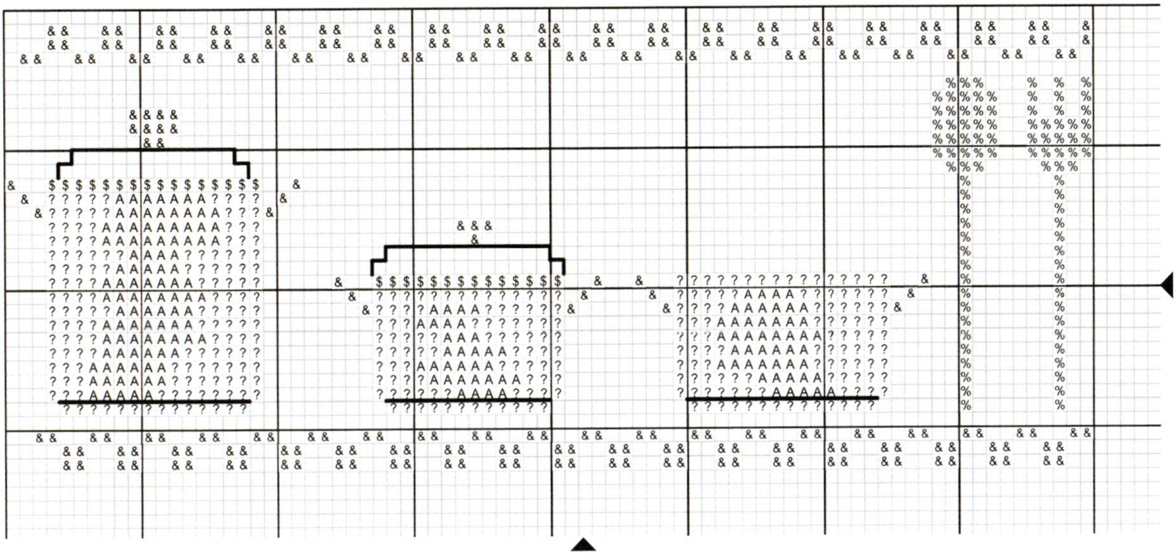

1. Si vous voulez que votre broderie soit régulière, utilisez toujours des fils de la même qualité et de la même grosseur.

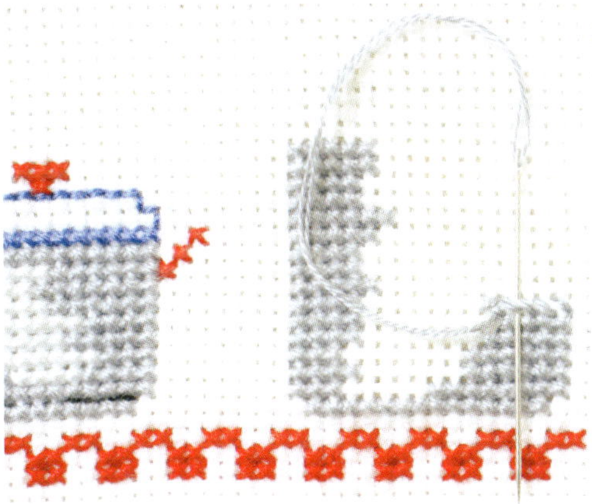

Avec la pratique, vous deviendrez un véritable spécialiste de la broderie et vous pourrez concevoir vos propres modèles sur une simple feuille de papier quadrillé, pour les réaliser au point de croix.

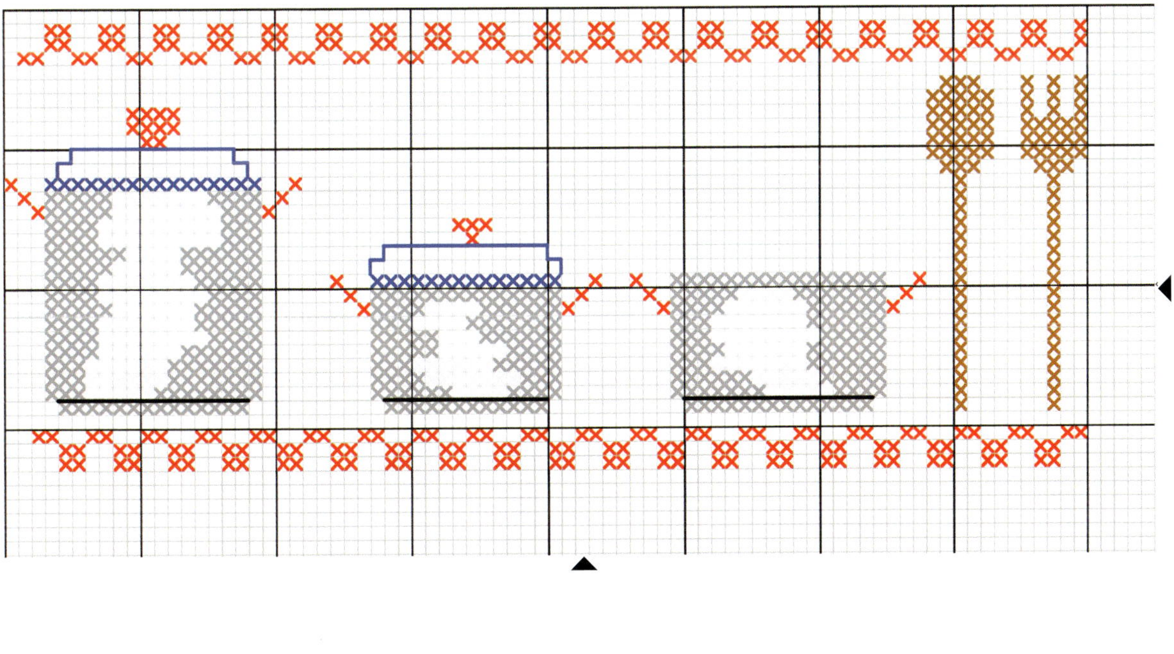

2. Comme on peut le voir sur la photographie de la page précédente, cette broderie se travaille avec un seul brin de coton, mais doublé, ce qui équivaut à utiliser deux brins simples. Ces deux techniques d'utilisation du fil donnent, en effet, des résultats équivalents. Commencez par déterminer le centre du motif, puis brodez les frises rouges et la marmite centrale, en vous référant constamment au diagramme.

3. Vous pouvez suivre fidèlement le diagramme ou introduire une variante, en inversant les marmites situées de part et d'autre de la marmite centrale : ainsi, la grande marmite se trouvera à l'extrémité de la frise ou à côté des couverts en bois, à la place de la plus petite.

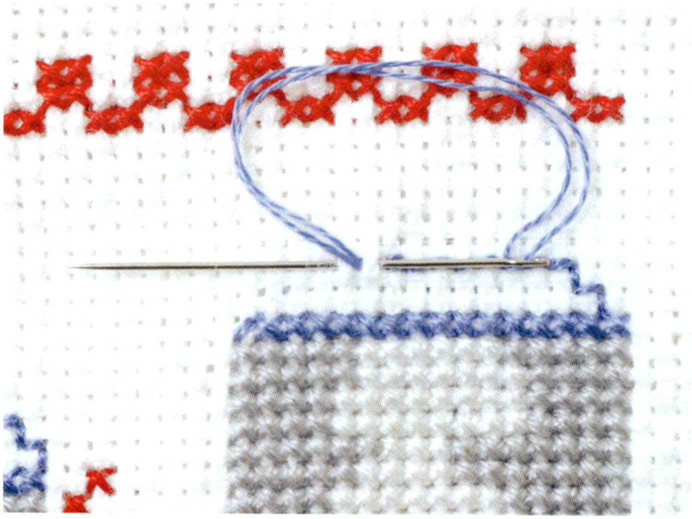

4. Cette photographie montre comment broder le couvercle de la grande marmite. Après avoir exécuté une rangée de seize points de croix bleus, poursuivez par le point de piqûre, en suivant les indications du diagramme.

5. Il ne vous reste plus qu'à réaliser les anses et la poignée de la marmite. Pour les anses, exécutez trois points de croix rouges en diagonale. Pour la poignée, exécutez deux points de croix pour la première rangée, ajoutez un point de croix de chaque côté pour chacune des deux rangées suivantes.

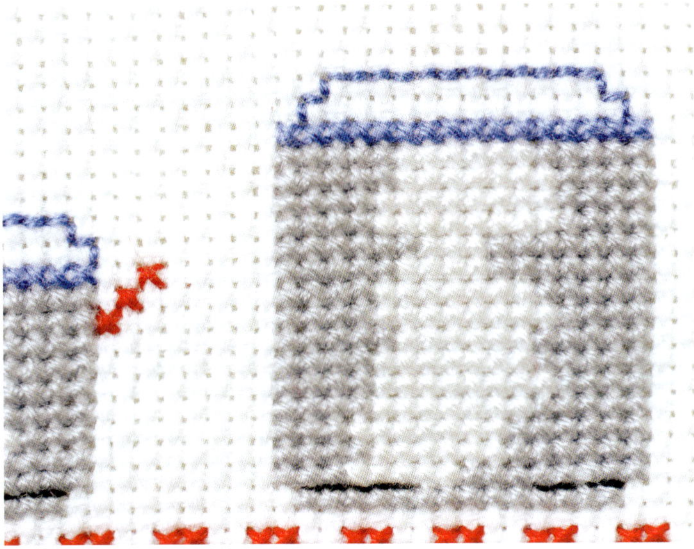

6. Pour souligner le bas de la marmite d'un point de piqûre noir, piquez l'aiguille de droite à gauche, comme on le voit sur cette photographie.

7. Nous vous recommandons de vous arrêter de temps en temps lorsque le fil commence à vriller et de le laisser pendre sans enlever l'aiguille : il se déroulera tout seul.

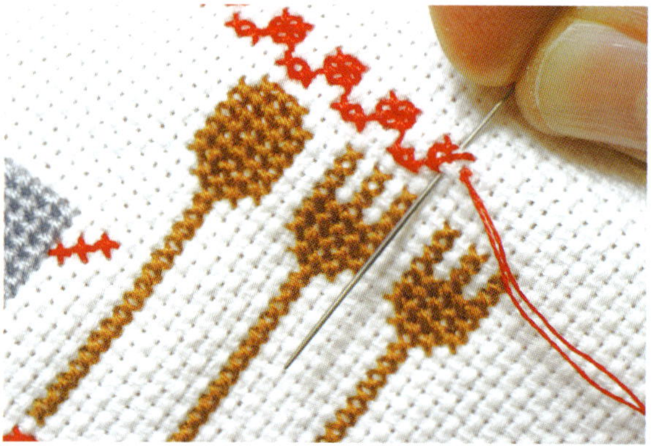

8. Continuez à broder la frise rouge. Travailler au point de croix sur un tissu bien structuré, où les carrés sont réguliers, nécessite que les diagonales des croix soient parfaitement égales et s'inscrivent avec netteté dans chaque carré de toile.

9. Ici, la broderie de la frise a été interrompue pour réaliser les couverts en bois. Il est néanmoins plus facile, en procédant de la sorte, d'en calculer la longueur, en fonction de la place occupée par les éléments centraux.

10. Vous pouvez continuer à broder la frise chaque fois que vous avez fini de broder un élément central. Choisissez la façon de procéder qui vous convient le mieux.

Cette frise est tout à fait adaptée à la décoration de divers éléments de la cuisine. Vous pouvez la broder sur des bandes de toile Aïda, que vous appliquerez sur d'autres tissus, qu'ils soient unis, à carreaux ou imprimés d'autres motifs.

1 Frise de légumes

Cette frise brodée, composée de trois groupes de légumes – carottes, aubergines et tomates – et ponctuée, de part et d'autre, d'un groupe de trois coccinelles, constitue un superbe motif décoratif pour une cuisine de style jeune et moderne. Elle est idéale pour embellir de façon discrète un essuie-mains ou un torchon. Bien qu'elle soit d'une grande simplicité, elle a un effet décoratif qui justifie que l'on s'y investisse. Non seulement elle donne beaucoup de charme à l'élément sur lequel elle est brodée, mais elle contribue aussi à créer une ambiance gaie et agréable dans la cuisine.

Couleurs à utiliser

DMC 912	o	DMC 970	*f*	DMC 321	R
DMC 910	ä	DMC 3837	K	DMC Blanc	W
DMC 741	Ø	DMC 310	B	DMC 310 Point de piqûre	

Utilisez une aiguille à bout rond, pour ne pas abîmer la toile. Veillez à ne pas transpercer les fils du tissu en brodant.

Fournitures

- Torchon DMC spécial broderie
- Coton Mouliné Spécial DMC
- Bobine de fil
- Centimètre
- Aiguille
- Dé
- Ciseaux
- Modèle

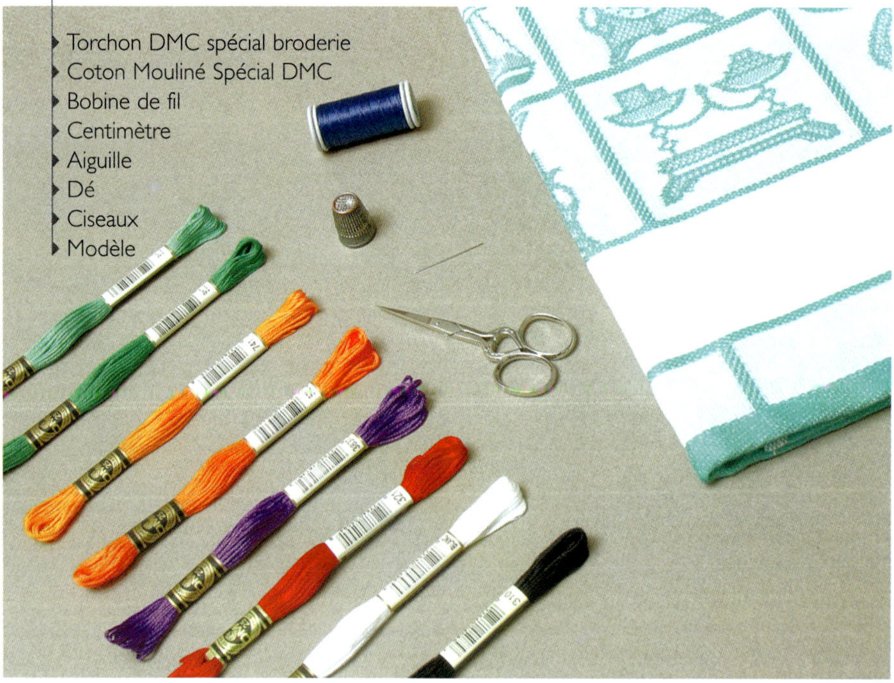

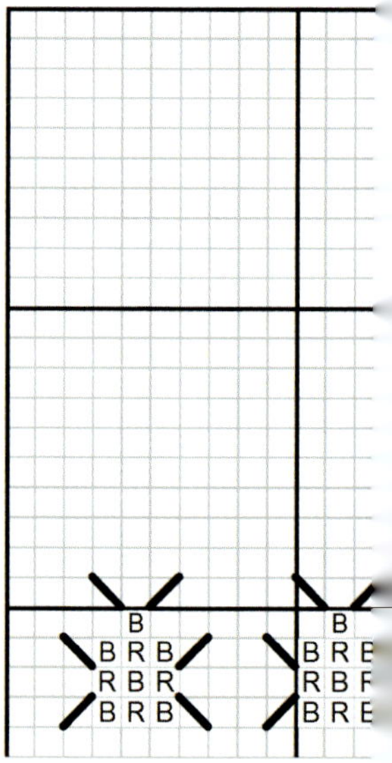

1. Faufilez la toile, pour délimiter le bord supérieur de la frise. Comptez les carrés de la toile, pour démarrer le motif au centre.

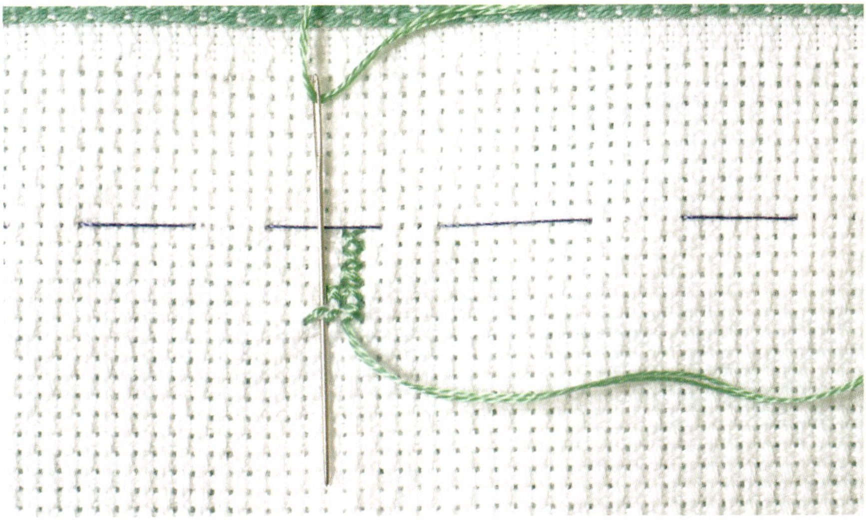

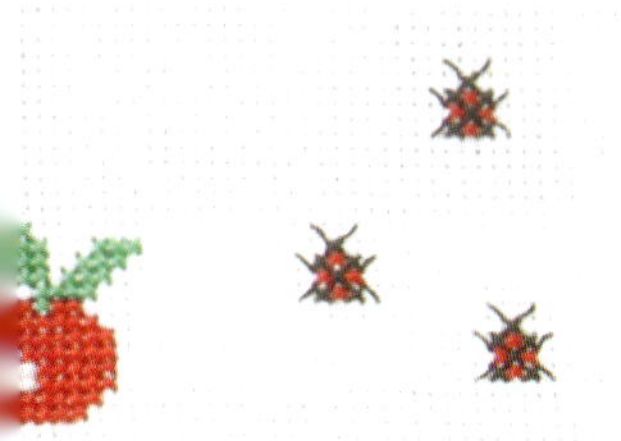

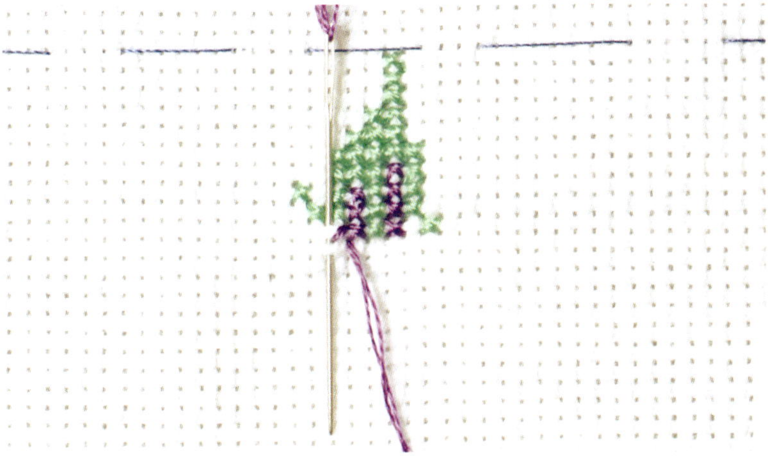

2. Débutez par la partie verte de l'aubergine, avec la couleur DMC 912. Brodez tous les points de cette couleur, avant de poursuivre avec la couleur DMC 3837. Pour éviter de commettre des erreurs et travailler avec assurance, référez-vous constamment au diagramme.

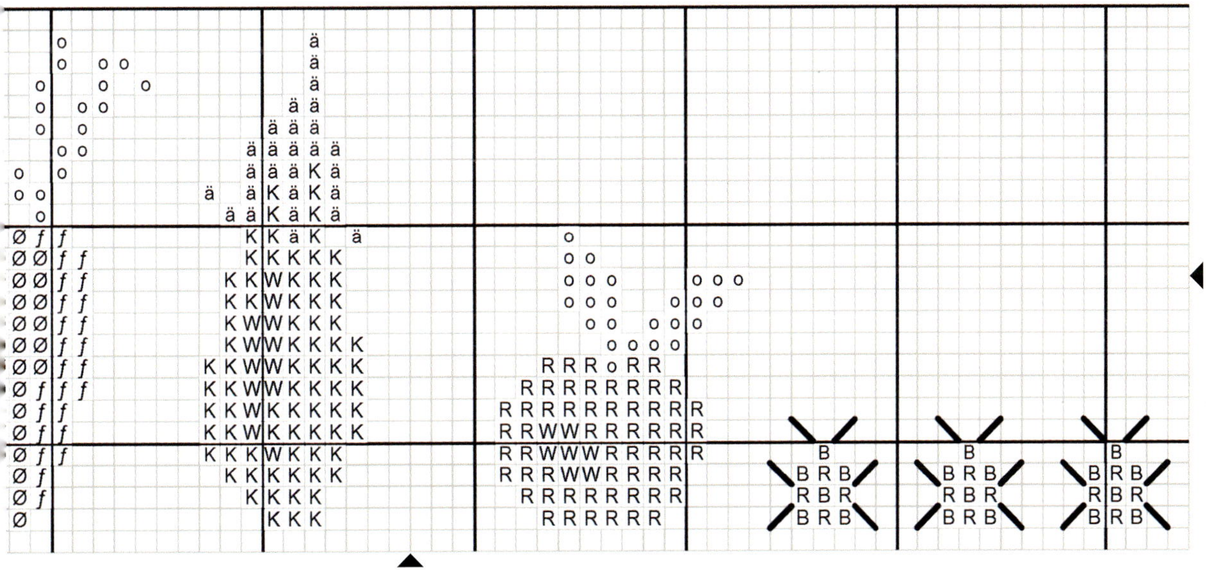

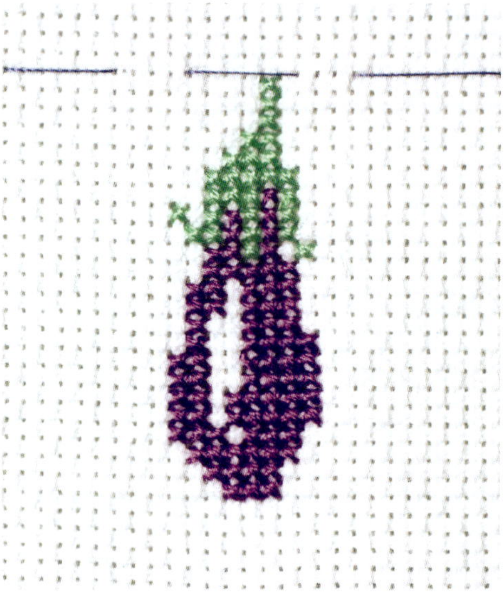

3. La broderie est exécutée rangée par rangée. On travaille d'abord de gauche à droite, pour effectuer les demi-points, puis en sens inverse, pour former les croix. Après avoir brodé les points violets, passez aux points blancs.

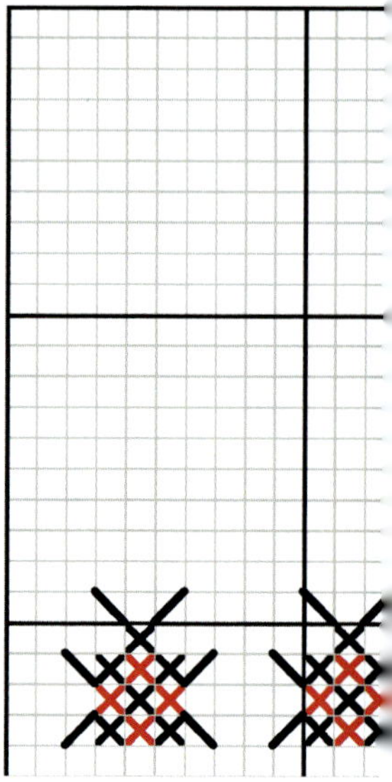

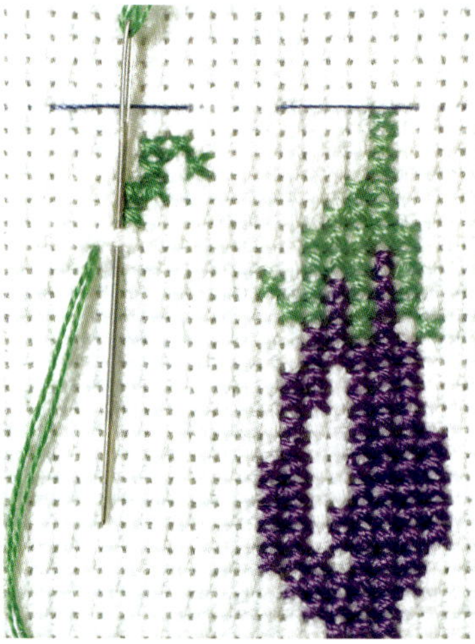

4. Pour le motif de la carotte, la broderie des feuilles est plus complexe, car la plupart des points sont isolés et doivent être brodés un par un.

5. Que les points soient isolés ou forment des rangées, n'oubliez pas que l'inclinaison du point de couverture, qui complète le point de croix, doit toujours être identique.

6. À certains endroits du motif, pour travailler plus aisément, faites pivoter la toile de 90°, pour que tous les points soient orientés dans la même direction.

7. Cette photographie montre l'avancée du travail, conformément au diagramme. Il est nécessaire de compter les carrés que chaque couleur doit couvrir.

8. Après avoir brodé la partie orange foncé de la carotte, poursuivez le travail avec l'orange plus clair et plus lumineux.

9. Comptez les carrés à la verticale et à l'horizontale, pour définir l'endroit exact où doit être brodé le motif suivant ; ici, il s'agit du troisième légume, la tomate.

10. Juste avant que soient brodés les points de croix blancs, le motif a cet aspect.

Quand on réalise un ouvrage, on peut toujours introduire une variante. Ici, par exemple, on a modifié la disposition des coccinelles, pour donner plus de dynamisme à l'ensemble.

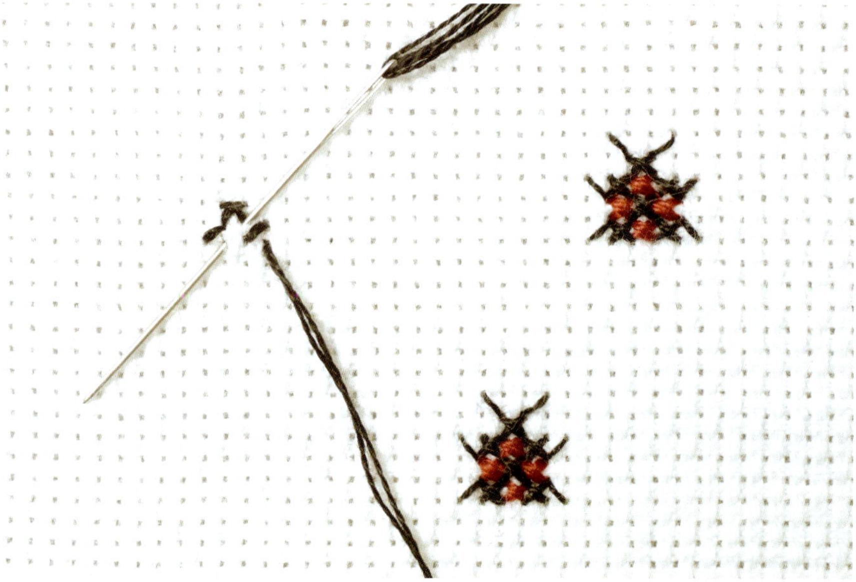

11. Le point de piqûre est utilisé pour broder le contour d'un motif, ou pour lui donner une meilleure définition.

12. Pour les coccinelles, exécutez d'abord les six points de croix noirs, puis les quatre points de croix rouges. Sur cette photographie, on voit que chaque coccinelle est travaillée séparément.

13. Avec le fil rouge, on brode ici les derniers points de croix d'une coccinelle. Pour commencer, il faut arrêter le fil en le passant sous les points déjà réalisés.

14. Le point de piqûre est exécuté avec un seul brin. On peut broder au point de piqûre dans toutes les directions, pour former des lignes horizontales, verticales ou obliques.

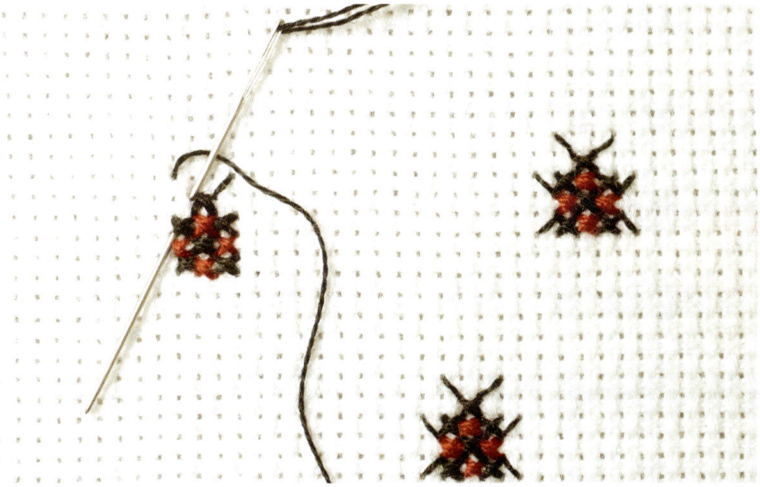

15. Pour les antennes des coccinelles, sortez l'aiguille à l'extrémité droite du point de croix, piquez-la transversalement, de l'extrémité de l'antenne de droite à l'extrémité de l'antenne de gauche, puis à l'extrémité gauche de ce même point de croix.

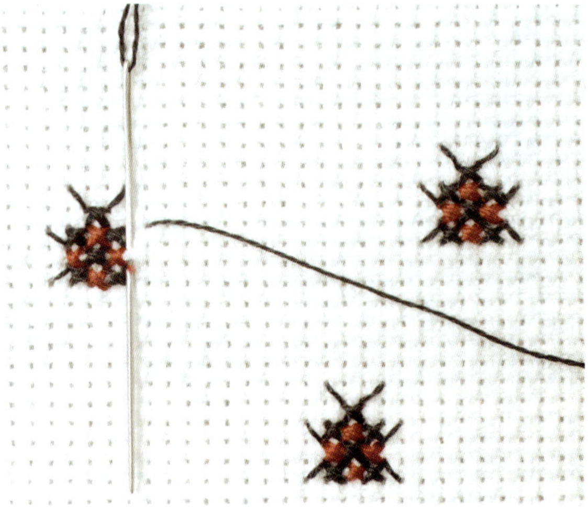

16. Exécutez autant de points de piqûre que l'indique le diagramme. Ces points doivent être parallèles aux barres de points de croix, ou parfaitement dans leur prolongement.

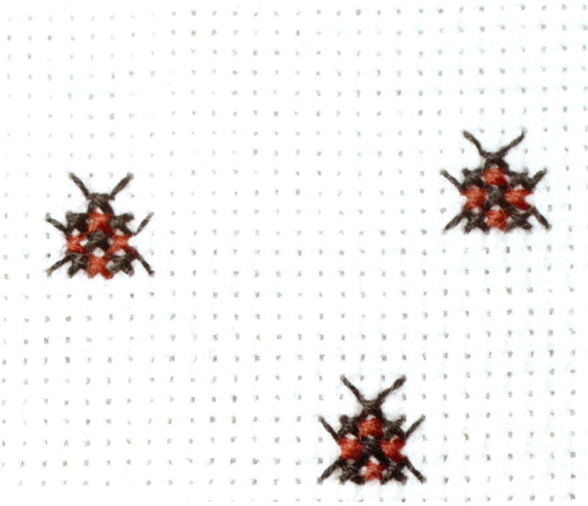

17. À la fin de la broderie de chaque motif, passez le fil sous quelques points, sur l'envers de l'ouvrage.

Un torchon, uni ou imprimé de motifs monochromes assez austères, comme ici, peut être agréablement égayé grâce à cette broderie gaie et naïve.

90
80
70
60

2 Jour de pluie

Couleurs à utiliser

	DMC 796	X
	DMC 970	%
	DMC 321	R
	DMC Blanc	W
	DMC 913	#
	DMC 910	O
	DMC 829	&
	DMC 725	$
	DMC 310	B
	DMC 321 Point de piqûre	

Ce tableau pourrait faire partie d'une série dédiée aux différentes saisons de l'année. Il est composé d'éléments utilisés par temps de pluie : deux paires de bottes et huit parapluies, ouverts et fermés. Brodé dans des couleurs vives, il apportera une note de gaieté à votre intérieur.

Fournitures

- Toile Aïda
- Coton Mouliné Spécial DMC
- Bobine de fil
- Aiguille
- Dé
- Ciseaux
- Centimètre
- Modèle

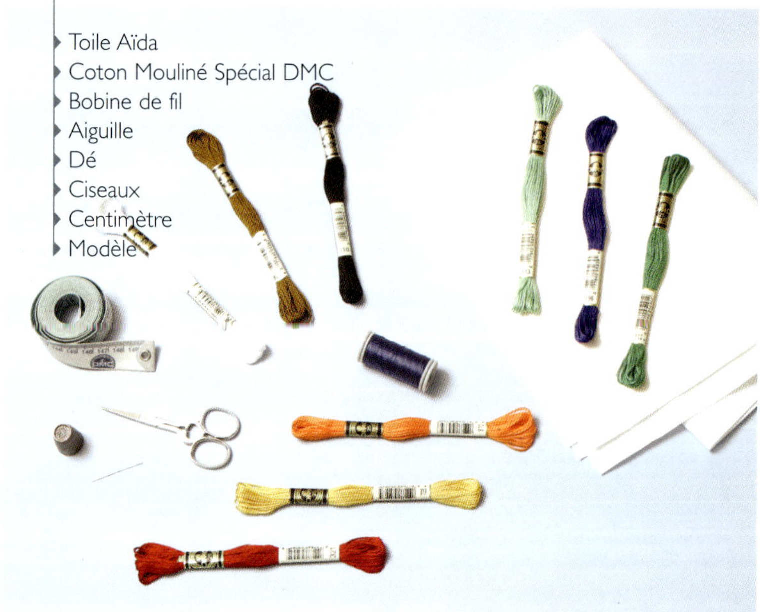

1. Faufilez les axes médians, vertical et horizontal, de la toile, dont l'intersection marque le centre de l'ouvrage.

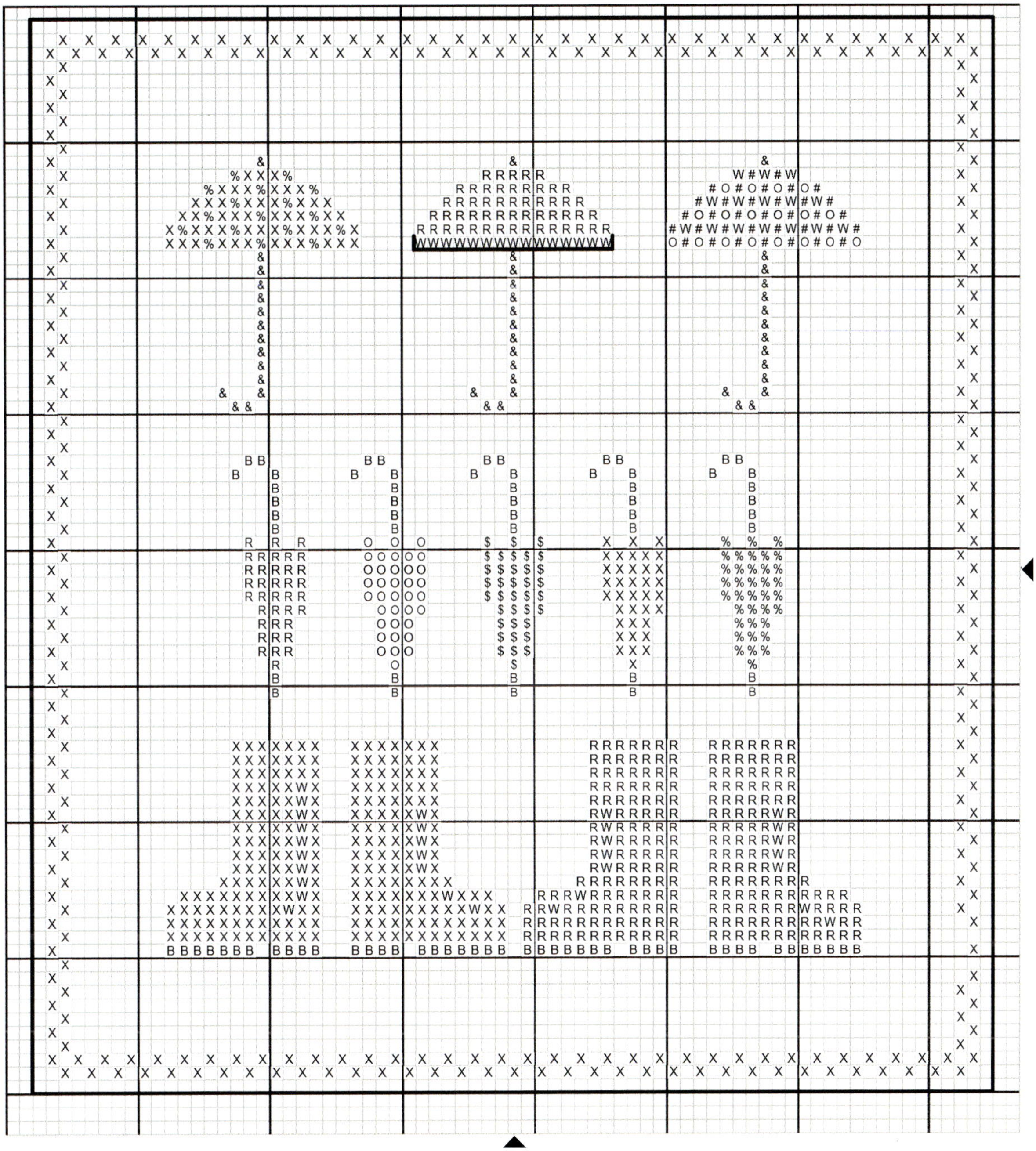

Si vous commettez une erreur en réalisant un ouvrage, vous pouvez désenfiler l'aiguille et défaire les points en tirant sur le fil, jusqu'à ce que vous arriviez à l'endroit où vous vous êtes trompé. Durant cette opération, veillez à ne pas abîmer le fil. Cette solution ne convient cependant que si vous n'avez que quelques points à défaire.

Quand la broderie du motif ne fait pas intervenir un trop grand nombre de couleurs, nous vous conseillons, pour ne pas avoir à désenfiler et enfiler l'aiguille trop souvent, de préparer à l'avance plusieurs aiguillées, chacune avec un fil d'une couleur différente. Ainsi, vous gagnerez du temps.

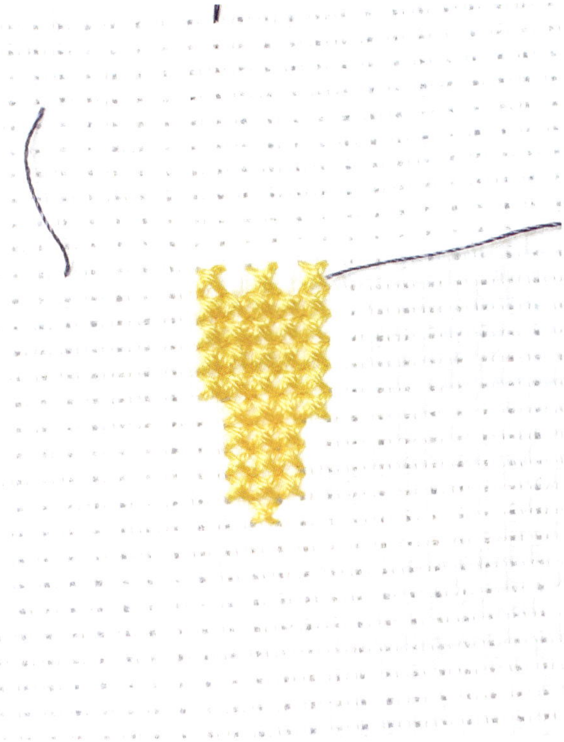

2. Brodez au point de croix, avec deux brins de couleur jaune, le parapluie fermé qui se trouve au centre du tableau.

3. Brodez les deux points de croix noirs de l'extrémité inférieure du parapluie, puis l'extrémité du manche.

4. Pour commencer au bon endroit, référez-vous au diagramme. L'axe vertical du manche est formé de cinq points de croix. L'extrémité de sa partie courbe correspond à un point situé au niveau du cinquième point de l'axe vertical, ces deux points étant espacés de deux carrés. Après avoir brodé la partie courbe du manche, vous pouvez retirer les fils de bâti : ils ne servent plus à rien. Ne retirez ces fils qu'après avoir correctement situé le motif.

5. Fixez bien les fils sur l'envers, au début et à la fin de chaque aiguillée. Ce motif est brodé en trois étapes : d'abord la toile du parapluie, puis sa pointe et, enfin, son manche.

Pour éviter que les bords de la toile ne s'effilochent, nous vous conseillons de les replier en faisant un ourlet simple, puis de faufiler cet ourlet à la main ou de le piquer à la machine.

6. On peut voir, ici, que les motifs sont tous identiques et que seule la couleur de la toile des parapluies change.

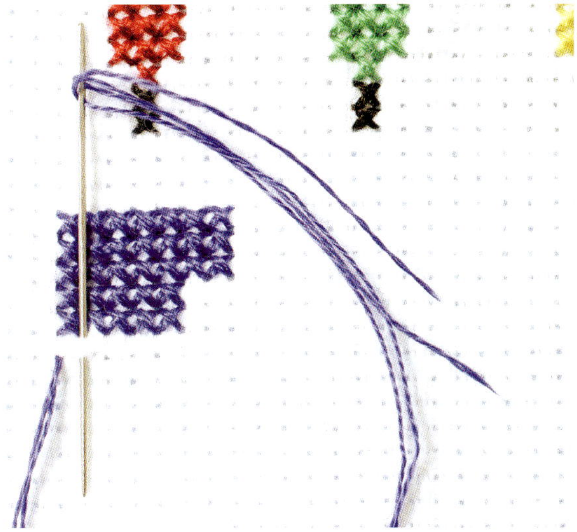

7. Brodez les bottes, en commençant par le haut et en travaillant chaque rangée de gauche à droite, puis de droite à gauche.

8. Suivez le diagramme, pour respecter la distribution des points et des espaces. Brodez la semelle en noir.

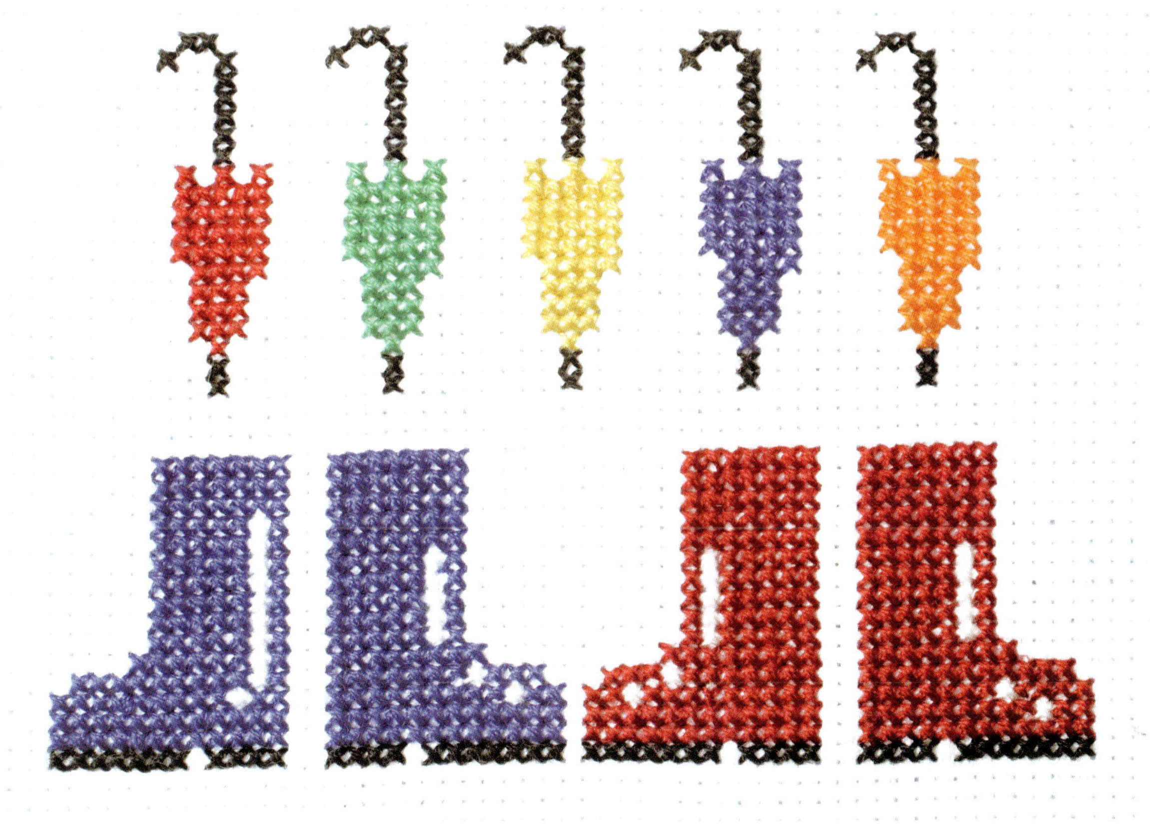

9. À ce stade, la broderie de la rangée de parapluies fermés et celle des deux paires de bottes est achevée. La texture et la blancheur de la toile Aïda mettent bien en valeur le point de croix et la diversité des couleurs utilisées.

10. Poursuivez l'ouvrage en brodant la rangée supérieure de parapluies, ouverts. Référez-vous au diagramme des symboles et à celui des couleurs, pour situer correctement l'endroit où vous devez commencer à broder en marron le manche du parapluie de droite.

11. Sur la ligne horizontale de carrés perpendiculaire à l'axe vertical du manche, commencez à broder la toile du parapluie en partant de la gauche et en exécutant huit demi-points, un carré sur deux. Piquez l'aiguille obliquement, de gauche à droite.

12. Travaillez ensuite de droite à gauche, pour compléter les demi-points. Piquez l'aiguille obliquement de droite à gauche, en suivant la diagonale des carrés vides.

13. Finissez de broder les rangées de points de croix vert foncé, en les espaçant. Brodez en vert clair les points de croix intermédiaires.

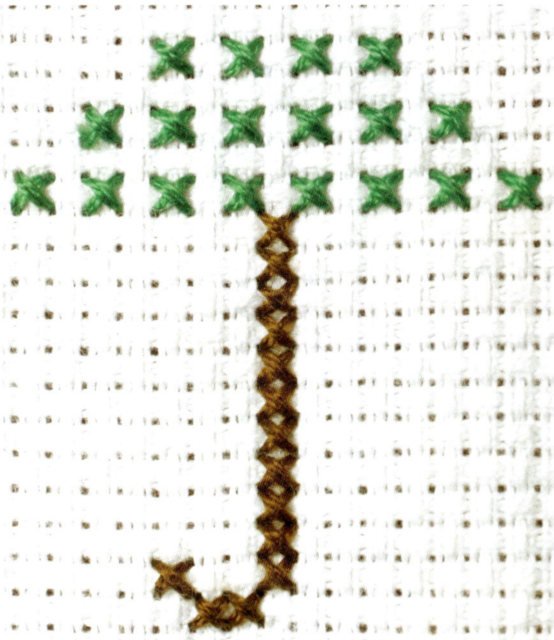

14. Espacez ces points de croix d'un carré sur les rangées vides et intercalez-les entre les points déjà brodés sur les autres.

Si vous avez commis une erreur et devez défaire l'ouvrage sur de grandes longueurs, coupez les points avec des ciseaux à pointes fines, en veillant à ne pas couper la trame ou la chaîne de la toile, jusqu'à l'endroit où vous vous êtes trompé. Arrêtez le fil et recommencez à broder à partir de là.

15. Brodez en blanc les espaces, et terminez par la pointe du parapluie avec un point de croix marron.

16. Nous avons suivi, ici, l'ordre des couleurs du diagramme, mais vous pouvez les intervertir à votre guise, de même que vous pouvez modifier la disposition des motifs. En faisant preuve de créativité et d'imagination, chacun peut introduire des variantes aussi séduisantes que la combinaison de motifs et de couleurs proposée ici. Le point de croix autorise une grande liberté et permet de prendre aisément des initiatives.

17. Le dernier élément à broder est la frise qui encadre l'ensemble du motif. Sur cette photographie, on voit la première rangée de points terminée et la seconde en cours de réalisation. Chaque rangée est brodée en deux temps, de gauche à droite, puis de droite à gauche.

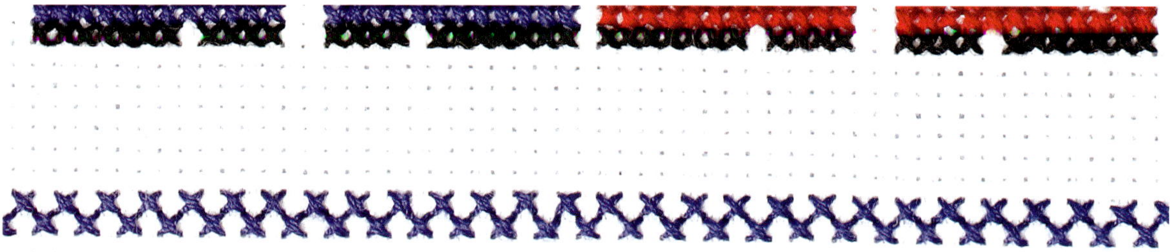

18. Cette frise, simple et discrète, est facile à réaliser. Nous avons choisi un ton de bleu pour la broder, mais vous pouvez utiliser une autre couleur si celle-ci ne vous plaît pas.

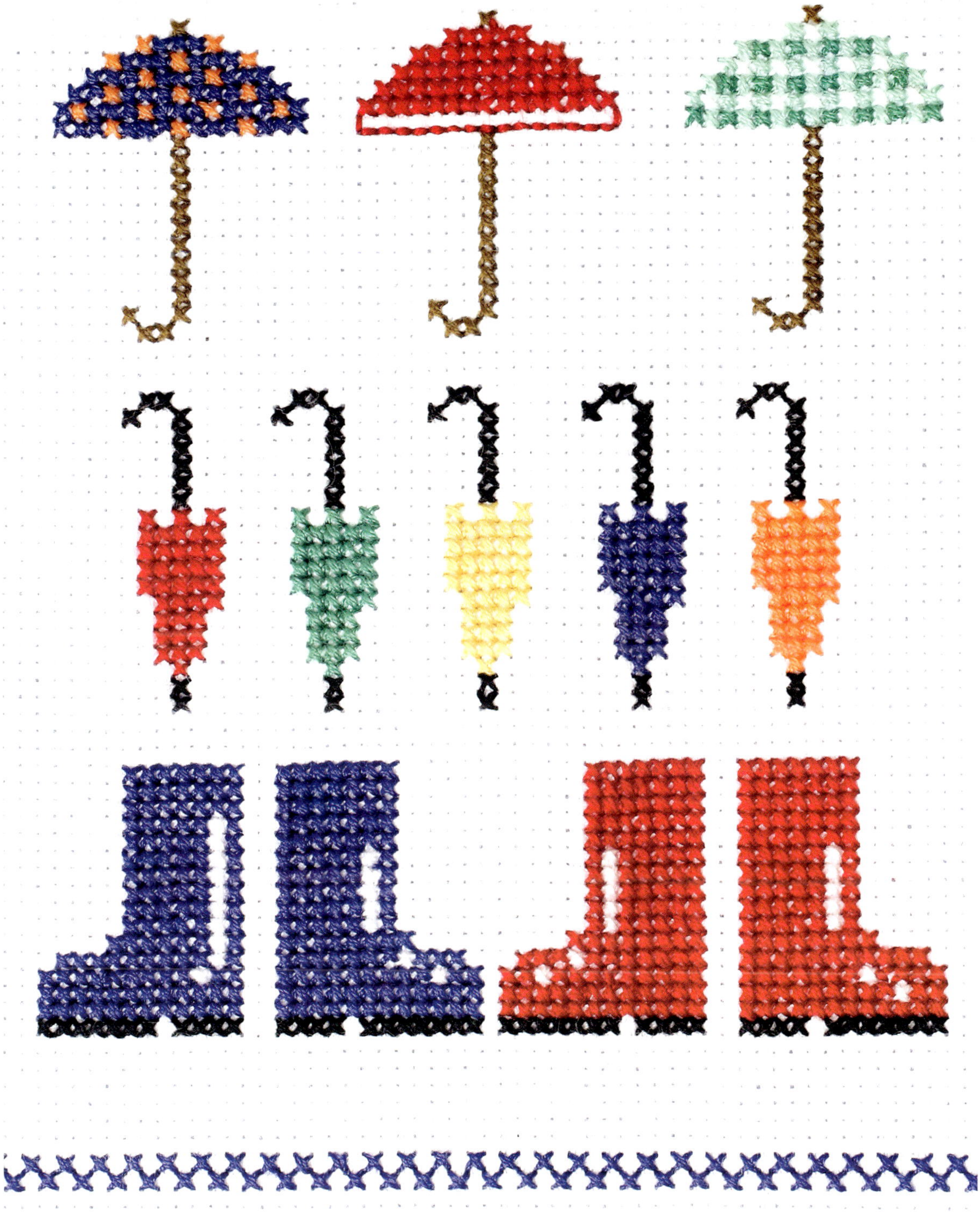

19. Vue d'ensemble des différents éléments composant ce tableau : parapluies ouverts, parapluies fermés, bottes et frise d'encadrement. Vous noterez qu'ils sont brodés dans différentes couleurs, dont certaines sont reprises à divers endroits.

Si vous souhaitez donner un aspect plus ancien à votre toile à broder, notamment si elle est en lin, vous pouvez la teindre avec du thé, en suivant ces indications : lavez la toile de lin, pour éliminer l'apprêt. Préparez du thé et laissez-le reposer jusqu'à ce qu'il soit froid. Versez-le alors dans un récipient assez large pour y introduire la toile sans la plier. Maintenez-la immergée pendant environ dix minutes, en remuant le bain trois ou quatre fois. Laissez sécher le tissu à l'air libre, puis repassez-le, pour qu'il soit parfaitement lisse. Vous pouvez alors le broder.

L'ouvrage est ici terminé. Ce petit tableau peut servir à décorer une chambre d'enfant, ou n'importe quelle autre pièce utilisée par toute la famille, comme la salle de séjour, ou encore un couloir ou un dégagement.

3 Corbeilles de fleurs

Cette broderie est exécutée sur une serviette de toilette DMC de couleur verte comportant une bande en toile nattée prévue à cet effet. Chaque carré de toile équivaut à un point de croix. Le motif, répété de part et d'autre du centre de la bande, est composé de deux corbeilles de fleurs aux couleurs délicatement nuancées, encadrées d'une simple ligne de points de croix. Elles sont séparées par un double cadre dont le centre est brodé d'une couleur unie.

Couleurs à utiliser

	DMC 3364	Ø
	DMC 3363	X
	DMC 761	C
	DMC 760	K
	DMC 3328	&
	DMC 3046	v
	DMC 3045	z
	DMC Écru	m

Fournitures

- Serviette de toilette DMC spéciale broderie
- Coton Mouliné Spécial DMC
- Bobine de fil
- Aiguille
- Dé
- Centimètre
- Ciseaux
- Modèle

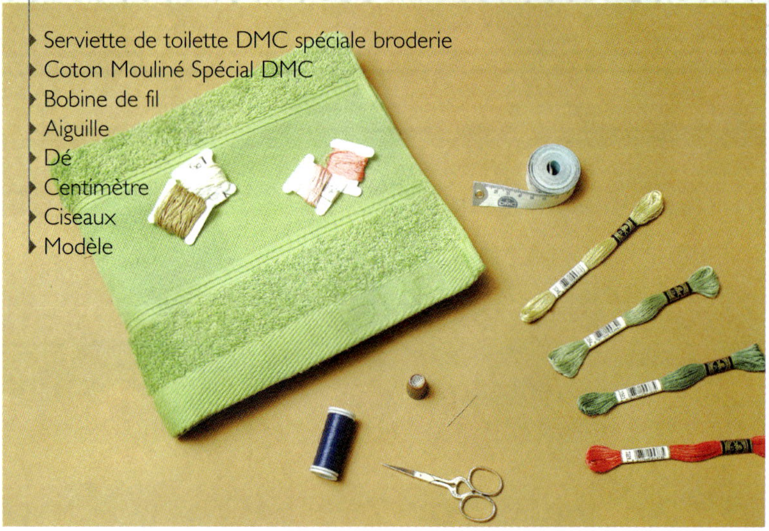

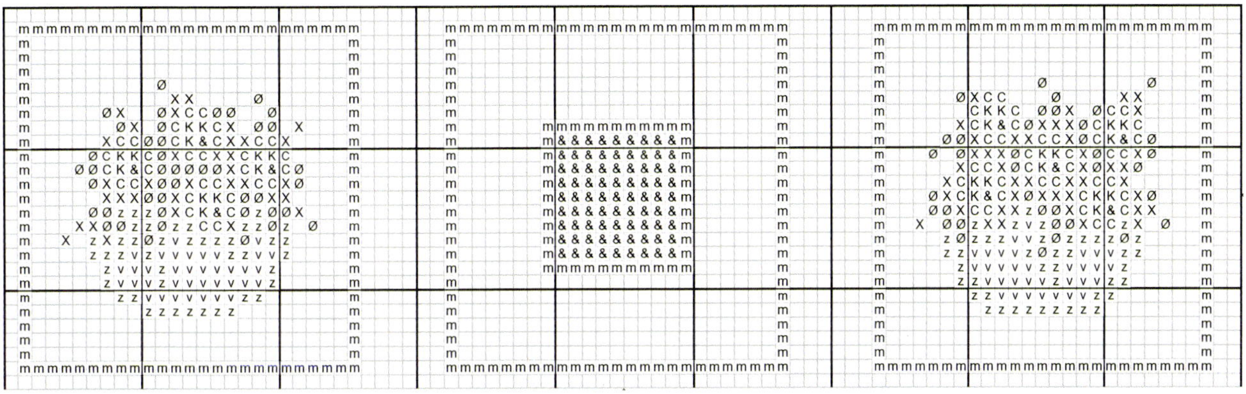

1. La photographie ci-contre montre la toile faufilée avec un fil de bâti vertical marquant le centre de la bande et deux fils de bâti horizontaux délimitant la hauteur des trois carrés, conformément aux indications du diagramme.

2. Travaillez avec deux brins. Sur la photographie ci-dessus, on peut voir que quatorze points ont déjà été brodés. Il en reste onze à exécuter pour terminer la rangée.

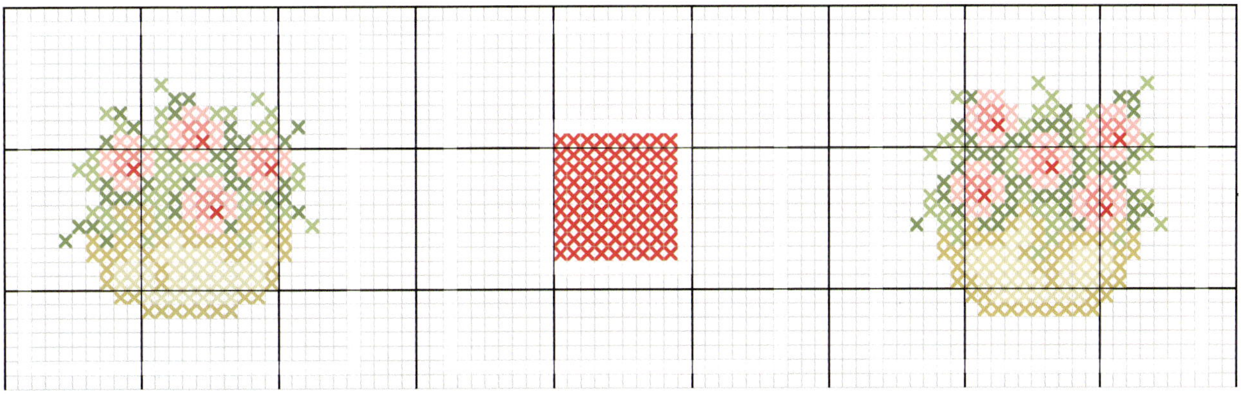

3. Comme l'indique la position du fil de bâti central, on travaille sur la partie gauche de la serviette, du centre vers la gauche.

4. Commencez par broder en blanc tous les motifs carrés, en suivant le diagramme.

5. Cette photographie montre l'aspect de l'ouvrage à cette étape de la réalisation, avec des carrés simples et des carrés doubles. La frise compte deux carrés simples au centre et un carré simple à chacune de ses extrémités ; ils sont séparés par un double cadre brodé d'une couleur unie au centre. Bien qu'il s'agisse de figures élémentaires, il faut toujours suivre précisément le diagramme, pour ne pas perdre de vue leur répartition exacte.

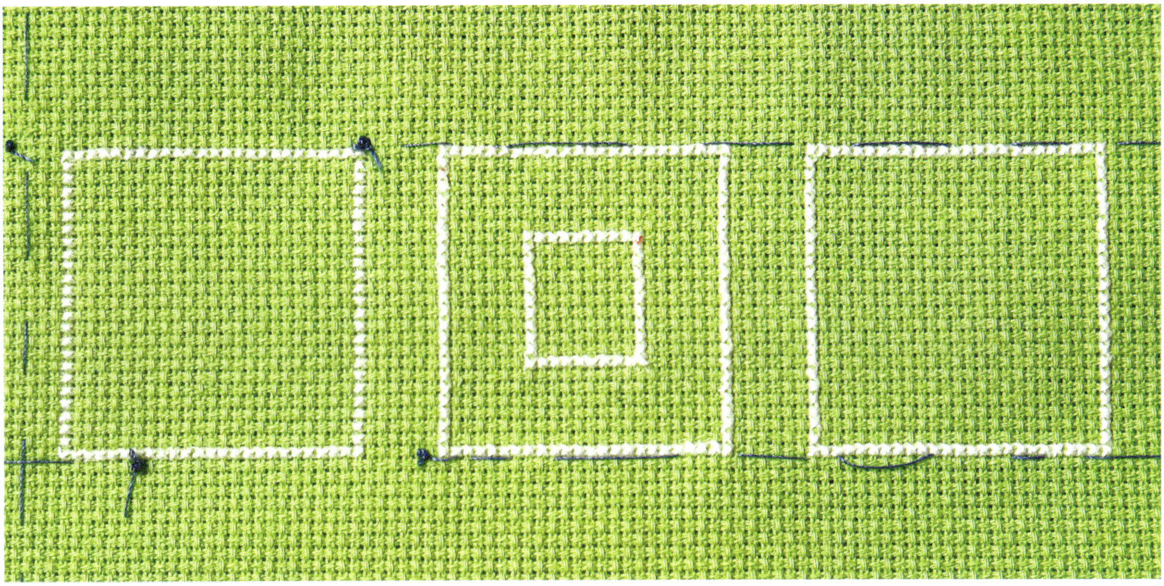

6. Détail de la partie droite de l'ouvrage. Comme l'emplacement et le dessin de chaque carré sont maintenant clairement définis, vous pouvez retirer les fils de bâti, car ils ne sont plus d'aucune utilité.

Les aiguilles, toiles et fils à broder sont vendus dans les merceries et dans des boutiques spécialisées où l'on peut trouver toutes sortes de fournitures, des plus simples aux plus sophistiquées.

7. Bien que le motif soit constitué de différents éléments, ceux-ci ont en commun leur point de broderie : le point de croix. Il convient donc de l'exécuter avec beaucoup de soin tout au long de l'ouvrage.

8. Après avoir brodé une partie du feuillage en vert foncé et en vert clair, enfilez une aiguillée avec le fil de couleur rose pâle, pour réaliser la première fleur, en piquant toujours l'aiguille verticalement, de haut en bas.

9. Lorsque la broderie du feuillage et des pétales rose clair des fleurs est achevée, l'ouvrage a cet aspect.

10. Réalisez les trois points de croix d'un rose plus soutenu, au centre des fleurs, conformément au diagramme.

11. Suivez bien le diagramme, pour situer ces points correctement, et veillez à ce que la tension du fil soit régulière.

12. Complétez le cœur des fleurs en exécutant le dernier point de croix en rouge. Vous pouvez, comme ici, travailler de la partie supérieure à la partie inférieure du bouquet ou, si vous préférez, en sens inverse.

13. Brodez la corbeille dans les couleurs indiquées par le diagramme, en veillant à ne laisser aucun espace.

Bien que, pour chaque modèle, nous vous suggérions l'emploi d'un type de toile, il existe de nombreuses autres options. Chacun peut choisir, selon son goût et son imagination, le type de toile qui convient le mieux à l'ouvrage qu'il veut réaliser.

14. Une fois brodés, les deux motifs centraux de la frise, avec leurs différentes nuances, ont cet aspect.

15. Détail d'un autre motif formant la frise, l'un des doubles cadres, dont le centre est entièrement en rouge.

16. La frise est terminée. Si vous respectez bien la distribution des motifs et des couleurs du diagramme initial, vous obtiendrez un ensemble ordonné et harmonieux.

Prenez garde à ne pas salir votre ouvrage durant la réalisation de la broderie. Si vous le tachez, lavez-le au savon et à l'eau tiède, puis rincez-le plusieurs fois à l'eau claire. Ne tordez pas la serviette pour l'essorer. Placez la broderie entre deux serviettes-éponges propres, et pressez doucement pour absorber l'humidité. Disposez la serviette de toilette sur une surface plane, pour que la broderie sèche sans se déformer. L'ouvrage est très délicat et il faut le traiter avec beaucoup de soin, pour ne pas l'endommager.

La qualité du fil à broder joue un rôle essentiel dans l'aspect final du travail. On trouve des fils de différentes marques, offrant un large éventail de teintes. Le plus utilisé est le coton Mouliné Spécial DMC, conditionné en écheveaux et composé de six brins. Il est particulièrement recommandé pour sa solidité et pour la tenue de ses couleurs.

4 Le plaisir de jardiner

L'ouvrage que nous vous proposons de broder ici est un tableau composé d'éléments en relation avec le jardinage : un ensemble de pots plantés de fleurs et autres végétaux dans des tons de vert, gris, ocre, rouge et violet, et deux arrosoirs verts. Ce motif frais et naïf convient bien à la décoration murale d'un porche ou d'un lieu similaire. Cet ouvrage témoigne du charme que peut avoir une broderie d'une grande simplicité.

Couleurs à utiliser

	DMC 3363	=
	DMC 3364	S
	DMC 702	X
	DMC 743	Ø
	DMC 155	+
	DMC 3801	#
	DMC Blanc	W
	DMC 3046	v
	DMC 3045	z
	DMC 3837	@
	DMC 415	&

Fournitures

- Toile Aïda
- Coton Mouliné Spécial DMC
- Bobine de fil
- Aiguille
- Dé
- Ciseaux
- Centimètre
- Modèle

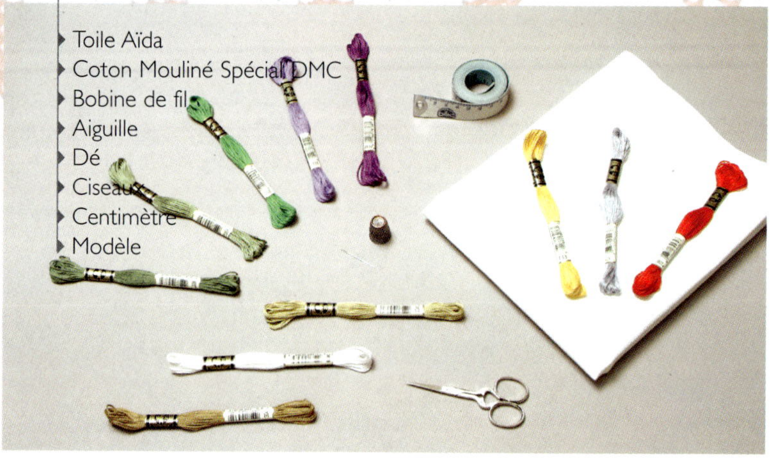

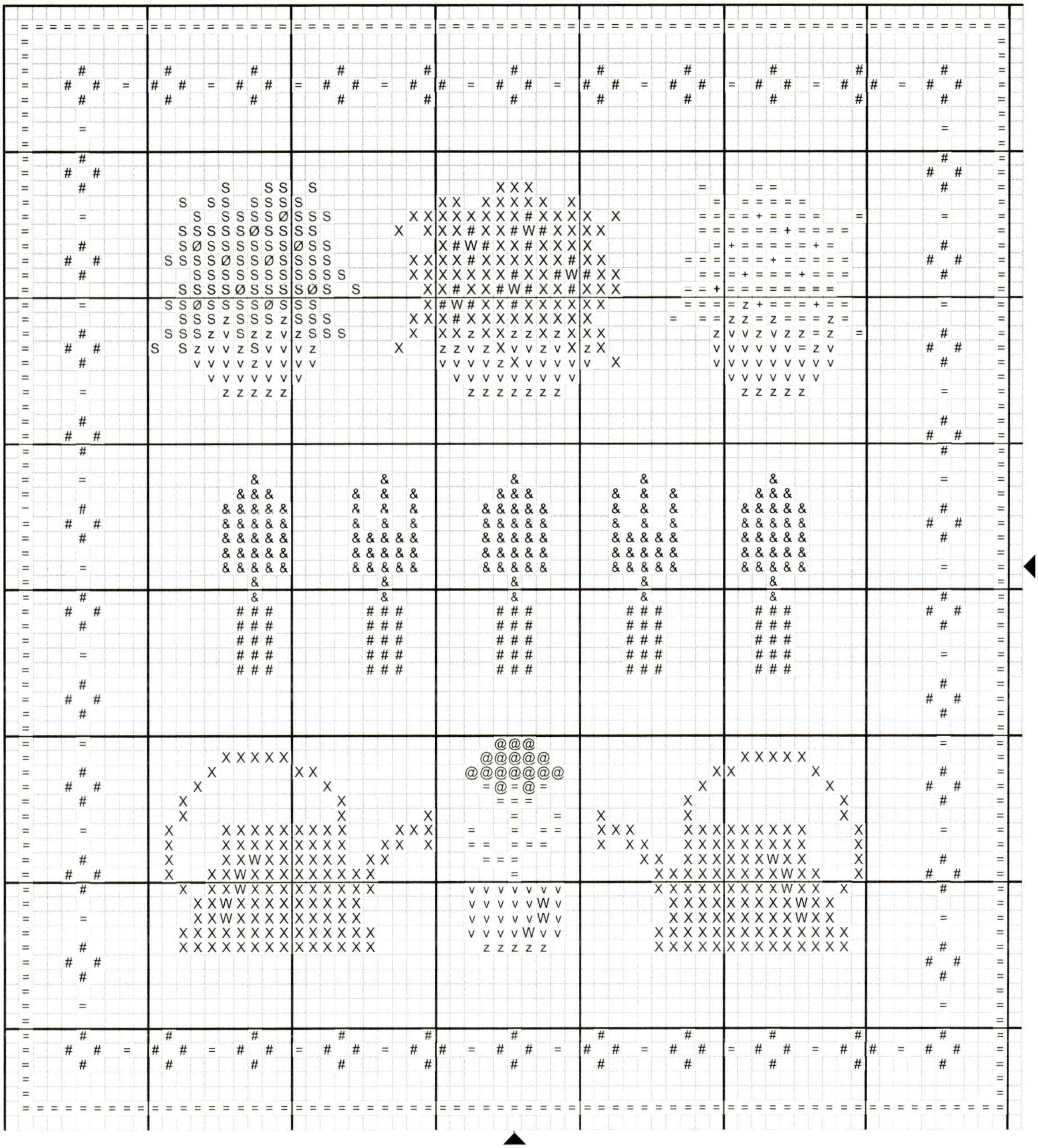

Si vous devez interrompre momentanément votre travail, fixez l'aiguille sur le bord de la toile, et non pas sur la partie centrale occupée par le motif, pour ne pas la marquer ou la déformer.

1. Pliez la toile en quatre, marquez les pliures, puis faufilez-les, pour centrer le motif. Commencez la broderie en enfilant une aiguillée de deux brins de fil. Chaque point couvre un carré de la toile Aïda, tant en largeur qu'en hauteur.

2. Après avoir brodé le premier motif central, vous pouvez retirer les fils de bâti et marquer d'un point le centre de chacun des côtés de la toile. La teinte du fil et la position de l'aiguille montrent que l'on travaille, ici, sur le côté droit de la frise d'encadrement extérieure. En piquant l'aiguille verticalement de bas en haut, on achève cette frise sur tout le pourtour.

3. La partie inférieure du motif est terminée. Lorsque vous arriverez à ce stade, évitez de plier l'ouvrage entre chaque séance de travail : mieux vaut le rouler. Ainsi, il sera bien protégé et vous pourrez le poursuivre sans problème.

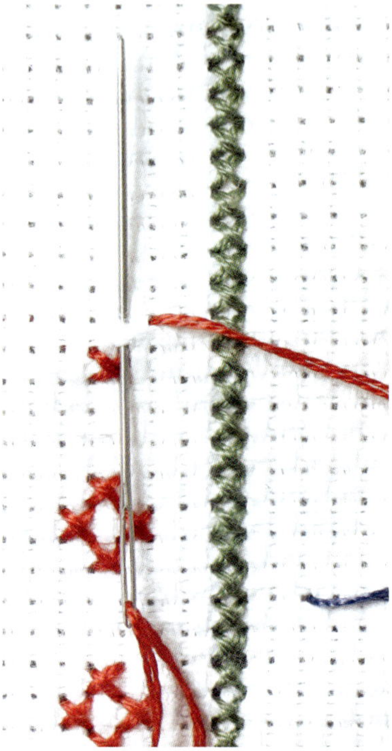

4. Continuez la broderie en travaillant très soigneusement, avec, cette fois, la couleur rouge. Sans cesser de consulter le diagramme, complétez la frise d'encadrement intérieure en brodant les points de croix rouges.

5. Complétez la frise avec le fil DMC 3363, de couleur verte, en brodant les points de croix isolés entre chaque motif rouge. Entre chaque point, passez l'aiguille, sur l'envers, sous les points rouges déjà brodés.

6. Commencez à broder les deux premiers points du pot de fleurs situé en haut à droite, comme le montre cette photographie, après avoir compté les carrés de toile qui les séparent de la frise.

7. Il arrive souvent que le fil se vrille après que l'on a brodé une série de points. Lâchez l'aiguille et laissez pendre le fil, pour qu'il se déroule seul. Poursuivez le travail en brodant tous les points de croix vert-de-gris de la plante, puis les points de croix mauves. Commencez à broder la plante du milieu en vert et rouge.

8. Poursuivez en réalisant tous les points de croix verts, en laissant les espaces où vous broderez ensuite les quatre points de croix rouges et, au centre, les points de croix blancs.

9. Si vous voulez faire davantage ressortir les fleurs, brodez-les avec trois brins au lieu de deux. Ici, comme on peut le voir, nous avons brodé le cœur des fleurs avec deux brins de fil blanc, comme tous les autres points.

10. Sur l'envers de l'ouvrage, passez l'aiguille sous les points déjà réalisés, pour broder les cinq points de croix de couleur blanche sans avoir à couper chaque fois le fil. Ainsi, vous ne serez pas tenté de faire un nœud en commençant et en terminant chaque point de croix et la toile ne fera pas de bosses lorsque vous la repasserez.

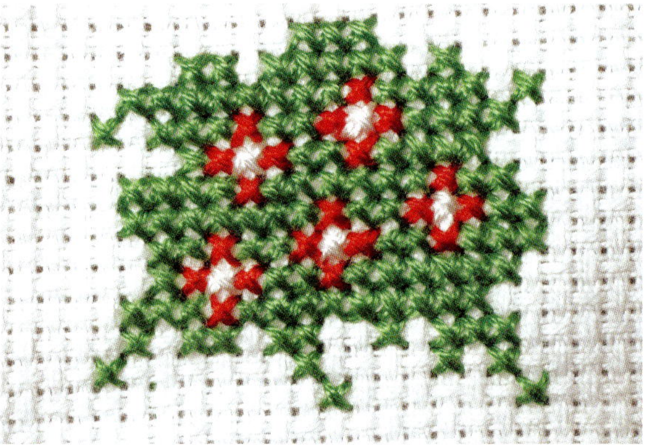

11. Une fois achevée, la plante présente cet aspect. Avant de poursuivre par la broderie du pot, arrêtez le fil, en passant l'aiguille sous plusieurs points.

12. Le pot est brodé dans deux nuances d'ocre. Comptez bien les carrés occupés par chaque couleur. Commencez d'un côté et poursuivez le travail de façon ordonnée, sans interruption.

13. Terminez l'ouvrage, particulièrement décoratif, point par point, en suivant le diagramme. La broderie à la main laisse beaucoup de place à la créativité et permet d'élaborer une grande diversité de motifs.

Ce tableau au point de croix est d'une grande fraîcheur. Si vous voulez donner plus de relief à votre travail, vous pouvez l'exécuter avec trois brins au lieu de deux. Ce motif peut aussi servir à embellir une housse de coussin pour un siège de jardin ou de terrasse.

5 Le bloc-notes

Un pot contenant deux crayons et une règle, deux livres posés à plat et une inscription constituent les divers éléments qui composent ce motif multicolore. L'ouvrage peut servir à recouvrir un agenda, un carnet d'adresses, un journal intime ou un carnet où vous prendrez diverses notes, ou inscrirez tout simplement vos listes de courses. Il est certain qu'il est toujours gratifiant de réaliser un ouvrage de ce type, à la fois décoratif et utile.

Couleurs à utiliser

	DMC 666	#
	DMC 3721	$
	DMC 310	?
	DMC 436	&
	DMC 437	=
	DMC Argent	S
	DMC 3012	>
	DMC 824	+
	DMC 3813	!
	DMC 800	B
	DMC 726	£
	DMC 3815	A
	DMC 3722	%
	DMC 310 Point de piqûre	
	DMC 824 Point de piqûre	

Fournitures

- Toile Aïda DMC
- Coton Mouliné Spécial DMC
- Bobine de fil
- Aiguille
- Dé
- Ciseaux
- Centimètre
- Modèle

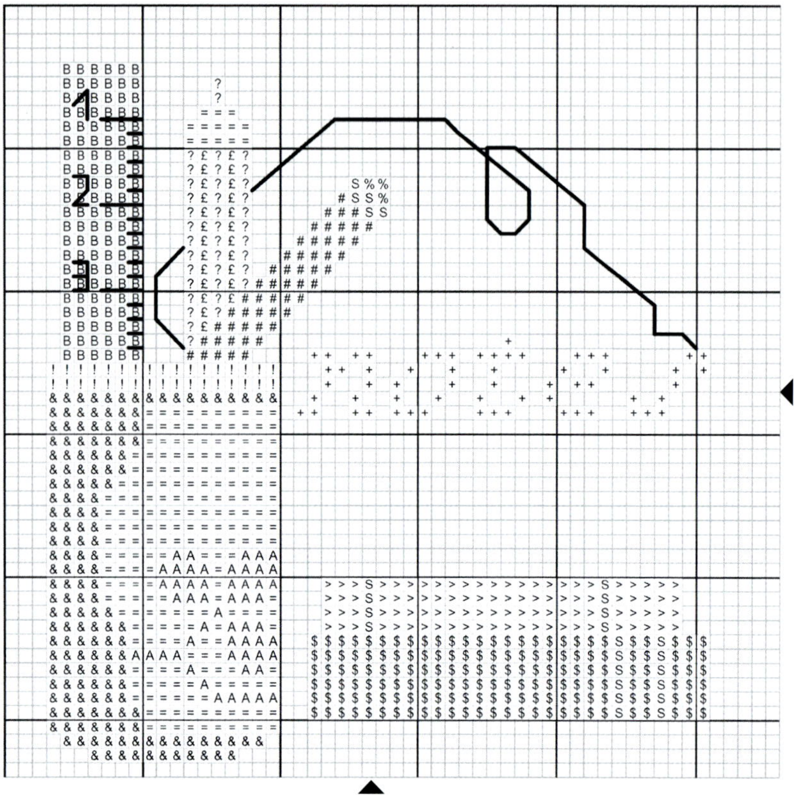

Une flèche indique le centre du bord droit du diagramme et une autre, le centre du bord inférieur. Lorsqu'on trace une ligne horizontale, vers la gauche, à partir de la pointe de la flèche de droite et une ligne verticale, vers le haut, à partir de la pointe de la flèche inférieure, le point d'intersection de ces lignes indique le centre de l'ouvrage. Il correspond, ici, aux trois points verticaux de la lettre O qui jouxtent la lettre N du mot notes.

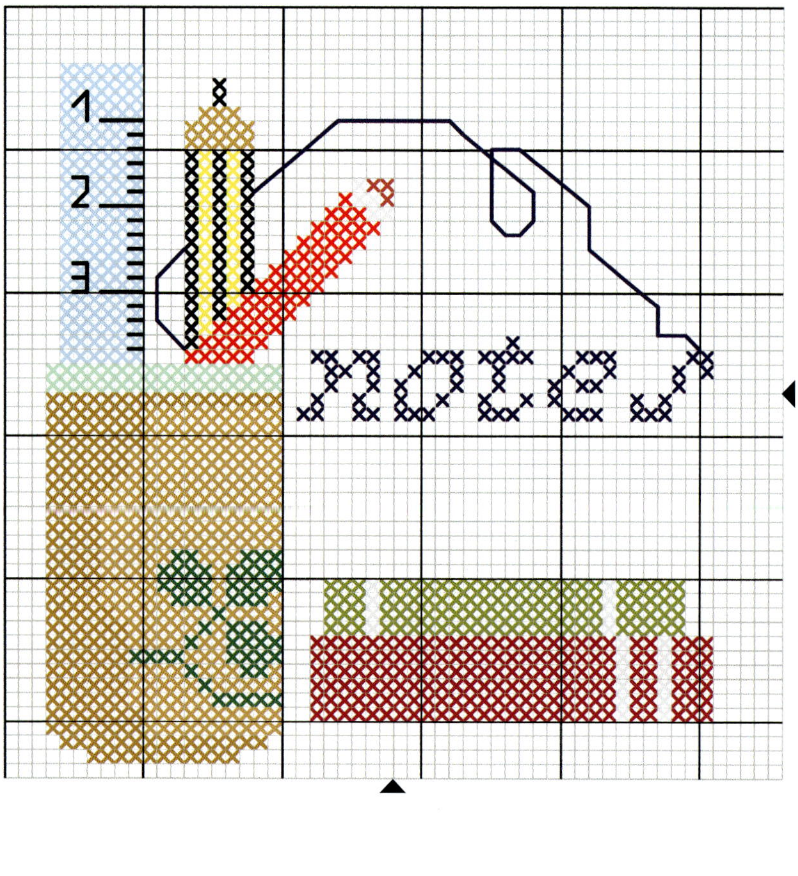

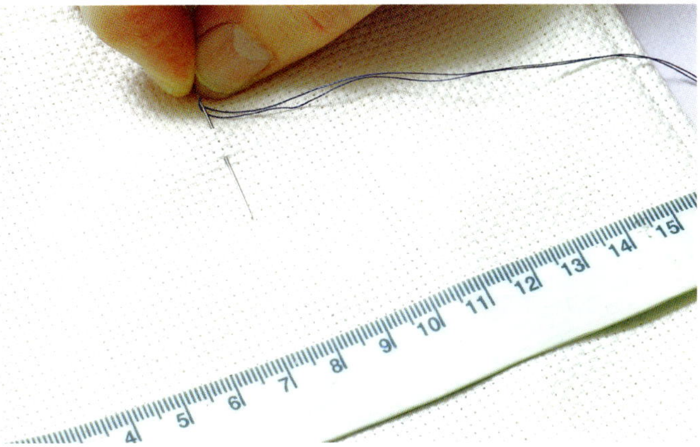

1. Faites un ourlet de 2 centimètres de large tout autour de la toile, et fixez-le au point d'ourlet. Centrez le motif, en comptant les carrés ou en utilisant un centimètre. La moitié de la largeur de la toile correspond, ici, à 8 centimètres, ce qui signifie que sa largeur totale est de 16 centimètres.

2. Divisez la moitié droite de la toile en quatre parties égales, en faufilant l'axe vertical et l'axe horizontal. Comme l'ouvrage doit servir à recouvrir un agenda, le motif sera brodé sur la moitié droite de la toile, correspondant à la couverture de l'agenda, l'autre moitié étant laissée vierge.

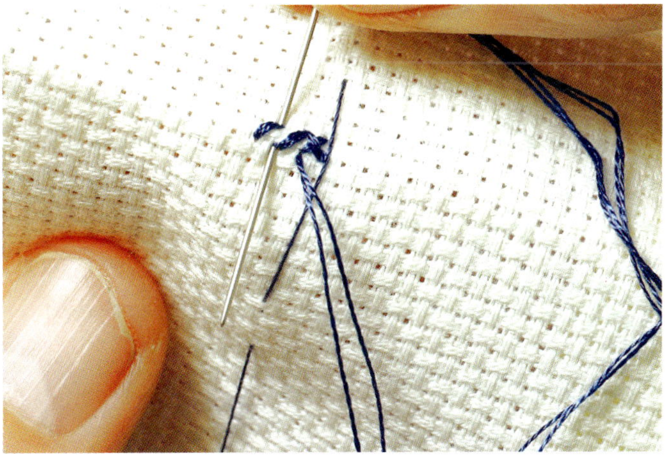

3. Commencez la broderie au centre de la toile, à l'intersection des fils de bâti, en utilisant deux brins de fil et en recouvrant chaque fois deux fils de la toile dans le sens horizontal et le sens vertical. Brodez d'abord les trois points horizontaux de la lettre O, en exécutant le premier demi-point au niveau du troisième carré à gauche du fil de bâti. Vous pouvez alors retirer le fil de bâti horizontal.

4. À partir de ces trois premiers points, et en vous référant au diagramme, terminez la broderie de la lettre O.

5. Comme on le voit ici, seul le fil de bâti vertical a été conservé. Le motif a été centré à partir de la broderie de la lettre O. Il ne faut pas retirer le fil de bâti vertical, car il va vous servir à poursuivre l'ouvrage. Vous ne l'enlèverez que lorsque vous n'en aurez plus besoin. N'oubliez pas qu'il s'agit d'une ligne de référence très utile pour le moment et qu'il ne faut en aucun cas l'éliminer.

La tension du fil doit être régulière. Si vous tirez trop sur le fil, vous risquez de déformer la toile, et s'il est trop lâche, le motif brodé manquera de netteté.

6. Les lettres sont faciles à broder, car elles sont d'une seule couleur. Elles vont vous servir de repère pour situer les autres motifs.

*La toile qui convient le mieux au point de croix est la toile Aïda, car elle forme des carrés réguliers, que l'on distingue aisément.
En outre, les trous dans lesquels on pique l'aiguille ne sont pas trop larges, ce qui permet d'obtenir une broderie compacte, d'une grande netteté.*

7. Calculez le nombre de carrés de la toile entre le carré situé à droite de la base de la jambe gauche du N et l'angle supérieur gauche du dos du livre vert, en vous référant au diagramme, et commencez à le broder en exécutant une rangée de demi-points de gauche à droite. Complétez-les ensuite de droite à gauche. Pour chacune des quatre rangées composant le dos du livre, brodez trois points, sautez un carré, brodez seize points, sautez un carré et terminez par cinq points. Pour chacune des six rangées du dos du livre rouge, brodez vingt-deux points, de gauche à droite, sautez un carré, brodez deux points, sautez un carré et brodez les trois derniers points.
Terminez par les points de couleur argent dans les carrés vides.

8. Brodez le pot à crayons, le crayon rayé, puis le crayon rouge, en travaillant avec des diminutions et des augmentations. Pour le crayon rouge, augmentez chaque rangée d'un point, du côté gauche, et diminuez d'un point du côté droit.

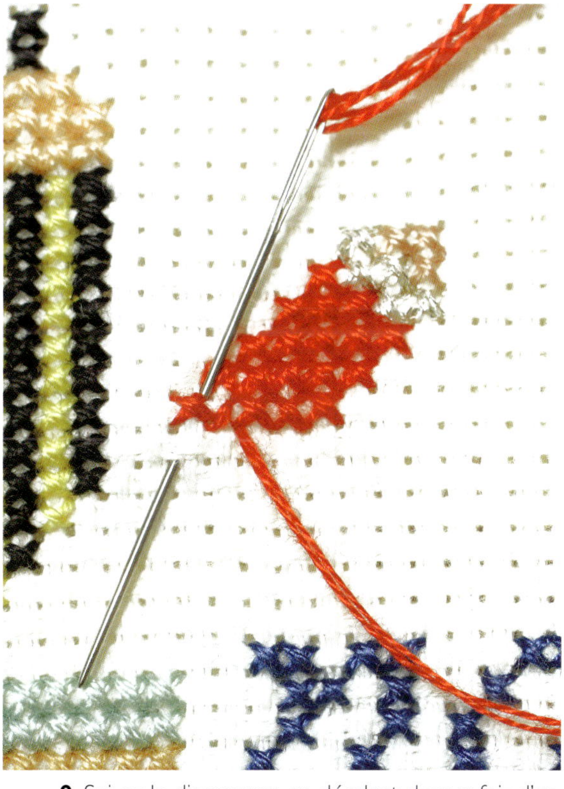

9. Suivez le diagramme, en décalant chaque fois d'un point sur la gauche les rangées de cinq points.

10. Comme on le voit sur cette photographie, les points sont tous réalisés dans le même sens. Ainsi, après avoir brodé une rangée, brodez le premier demi-point de la rangée suivante, puis passez l'aiguille en biais, de bas en haut, sous ce demi-point.

11. Piquez l'aiguille verticalement, de haut en bas, pour commencer le point suivant, puis complétez la croix avec un autre point oblique, en piquant l'aiguille verticalement, de haut en bas.

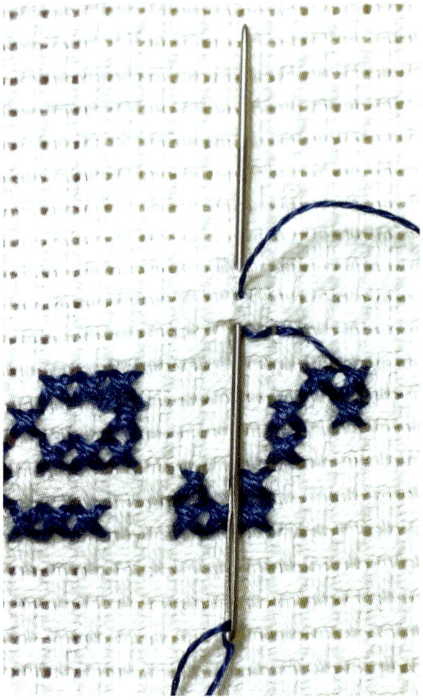

12. Cette photographie montre où commence la ligne bleue complétant les lettres brodées au point de croix. Elle part en biais vers la gauche à partir du point de croix supérieur droit de la lettre S. Pour la broder, travaillez au point de piqûre, comme ci-dessus.

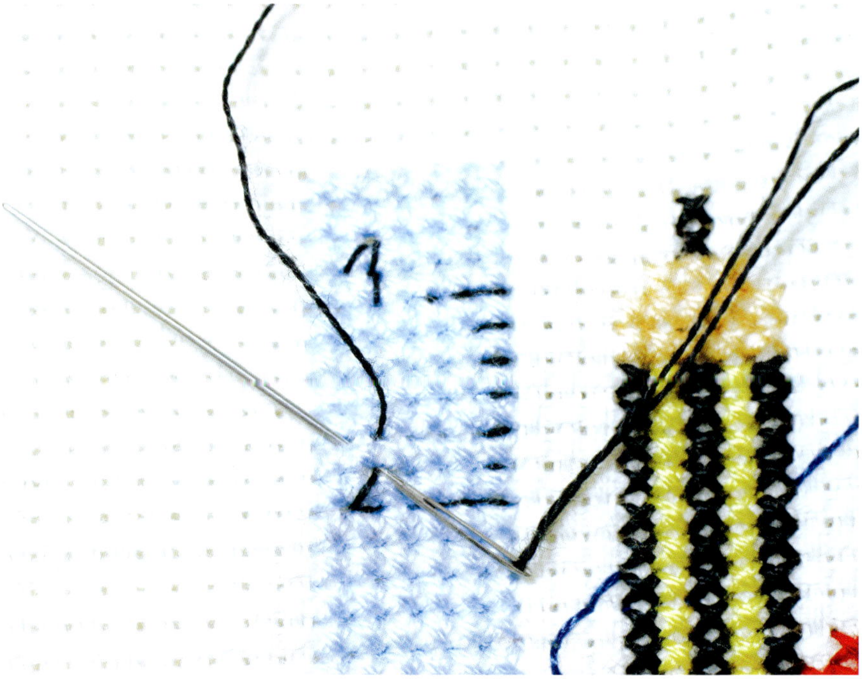

13. Brodez aussi au point de piqûre les graduations et les chiffres de la règle.

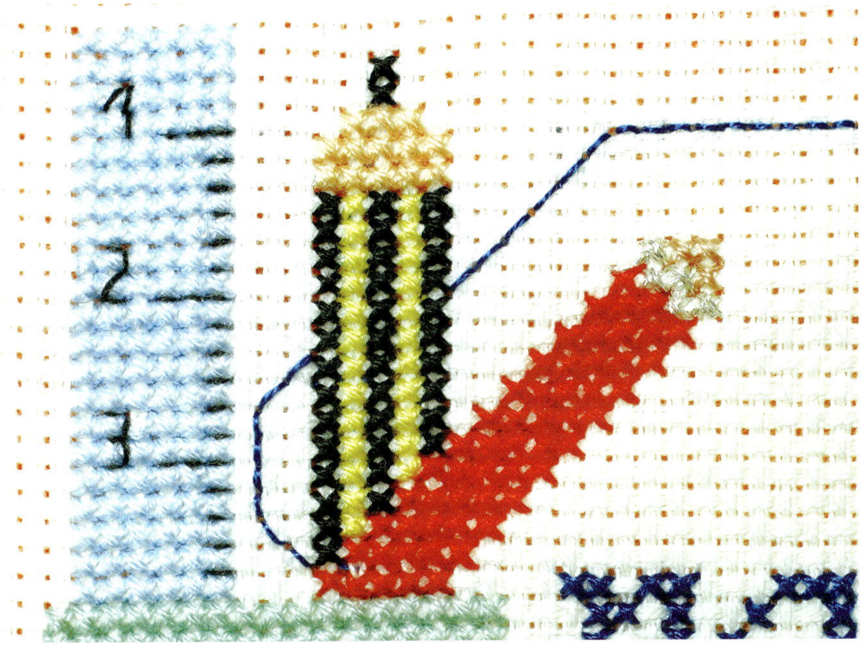

14. La diversité des couleurs choisies permet de distinguer clairement les différents éléments qui composent le motif. Le choix des couleurs est extrêmement important, tant pour pouvoir individualiser chaque élément du motif décoratif que pour donner gaieté et vivacité à l'ensemble.

15. La broderie est terminée. Le motif exécuté sur la toile Aïda en suivant le diagramme est constitué de 47 points (en largeur) sur 49 points (en hauteur). La moitié de toile sur laquelle il est brodé mesure 24 centimètres de haut (22 + 2) sur 18 centimètres de large (16 + 2). Les 2 centimètres correspondent à l'ourlet.

En cours de travail, le fil a tendance à s'entortiller. Pour défaire les nœuds qui peuvent se former et éliminer toute torsion, laissez pendre l'aiguille au bout du fil et laissez celui-ci se dérouler. Vous pourrez alors poursuivre correctement votre ouvrage.

Le but de cet exercice était de vous présenter le processus de réalisation d'un motif original, destiné à la décoration d'un objet utile. La toile blanche confère délicatesse et élégance à cette couverture d'agenda.

notes
COLUMNA

6 L'HEURE DU BAIN

Les serviettes de toilette en tissu éponge comportant une bande sur laquelle on peut broder à points comptés peuvent être aisément agrémentées de divers motifs réalisés au point de croix. Ici, il s'agit d'une baignoire et d'accessoires de salle de bains. Vous pourrez ainsi apporter une touche personnelle, gaie et délicate, à votre linge de toilette et décorer agréablement votre pièce.

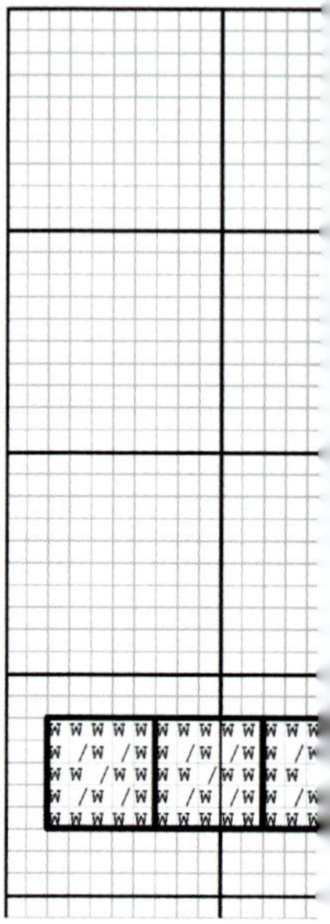

Fournitures

- Serviette DMC spéciale broderie
- Coton Mouliné Spécial DMC
- Bobine de fil
- Aiguille
- Dé
- Ciseaux
- Centimètre
- Modèle

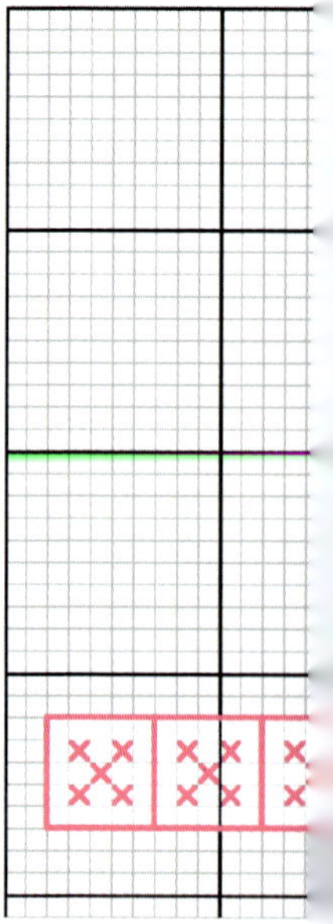

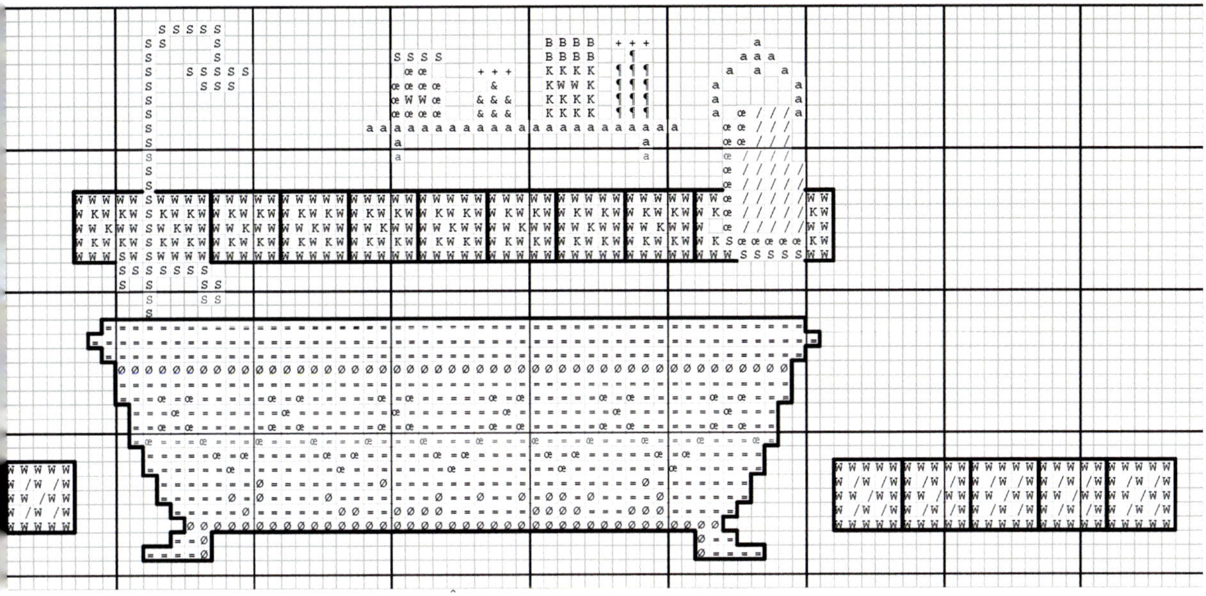

Couleurs à utiliser

DMC 762	=	DMC 603	œ	DMC 3341	¶	DMC 829	+
DMC 415	Ø	DMC 604	/	DMC 164	&	DMC Blanc	W
DMC 414	S	DMC 155	K	DMC 368	%	DMC 310	B
DMC 367	a	DMC 414 Point de piqûre		DMC 603 Point de piqûre		DMC 155 Point de piqûre	

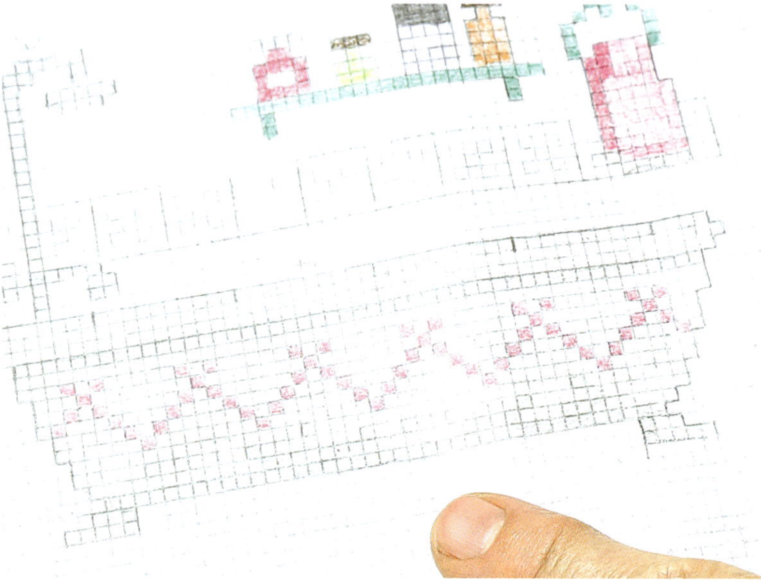

1. Chaque petit carré du diagramme correspond à un point de croix et chaque symbole ou couleur au fil qu'il faut utiliser. Le point de piqûre délimite les carreaux formant les trois frises.

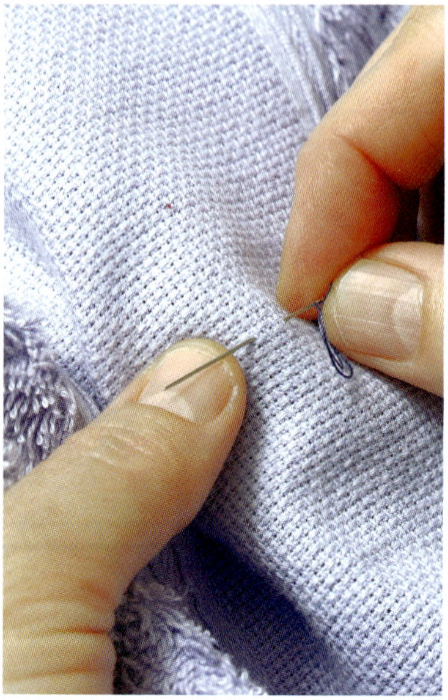

2. Faufilez l'axe vertical marquant le centre de la bande de la serviette.

Quand on brode sur un tissu de couleur, comme c'est ici le cas, il faut choisir avec soin les teintes des fils que l'on utilise. Il est essentiel que le motif s'harmonise parfaitement avec la couleur du tissu qui lui sert de support.

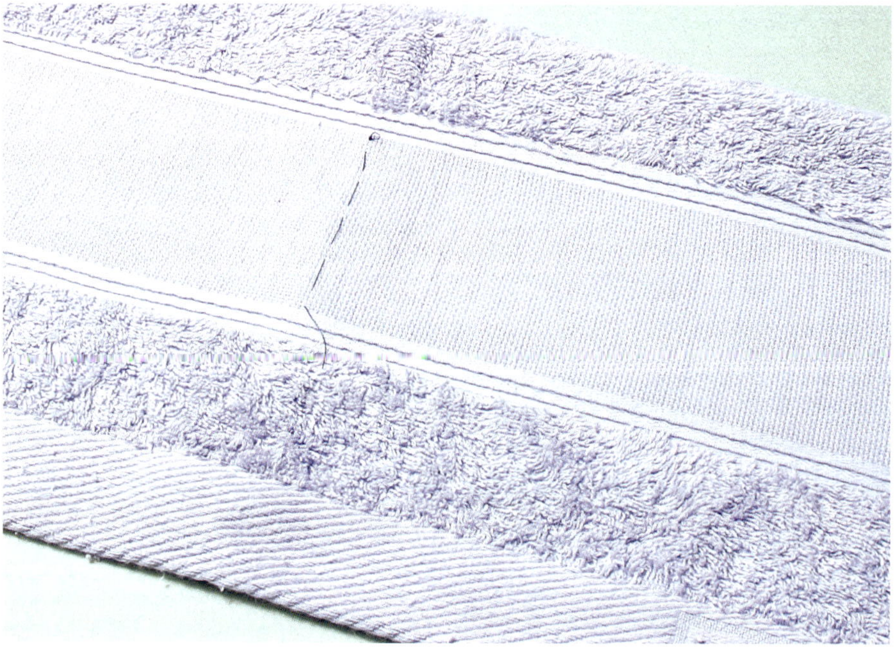

3. Ce fil de bâti va vous permettre de centrer correctement les différents éléments composant le motif.

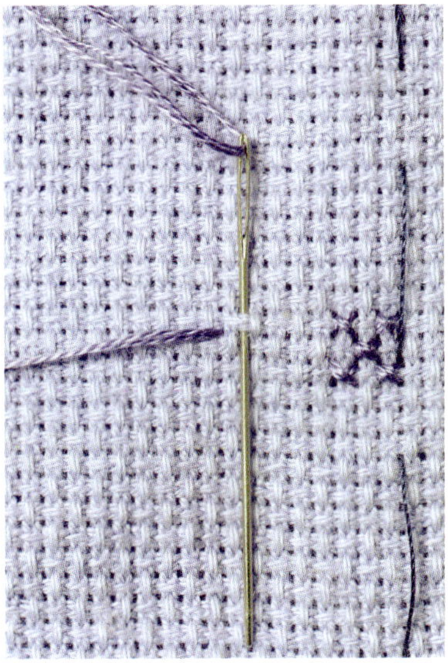

4. Après avoir déterminé la hauteur exacte des motifs centraux des carreaux situés au-dessus de la baignoire, brodez six motifs à gauche du fil de bâti. Chaque motif est brodé de gauche à droite, comme on le voit ci-dessus, en commençant par le point supérieur gauche et en piquant l'aiguille verticalement, de haut en bas.

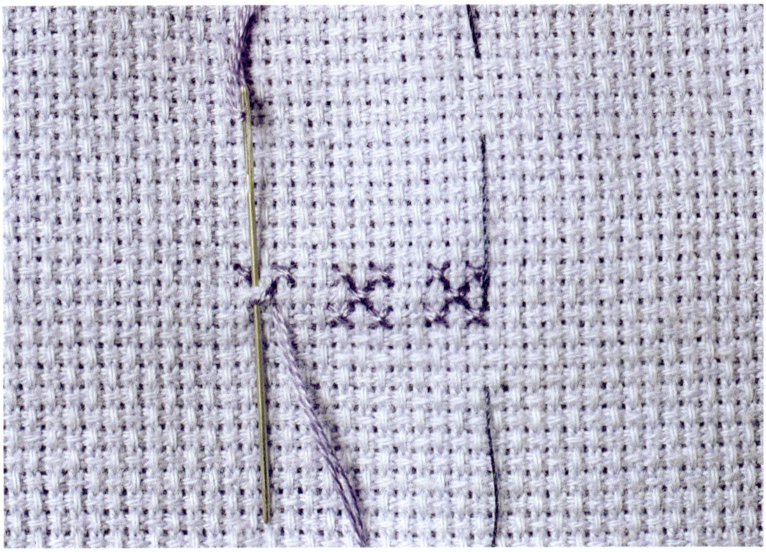

5. Ici, on brode le troisième motif. On exécute le demi-point de retour pour compléter le point de croix central, en piquant l'aiguille verticalement de haut en bas, en position pour exécuter ensuite, de gauche à droite, les demi-points de la partie inférieure du motif.

La marque DMC propose des serviettes de toilette comportant une bande pour la broderie à points comptés, dans un large éventail de couleurs, ainsi que des torchons, maniques, bavoirs… et autres éléments à embellir au point de croix.

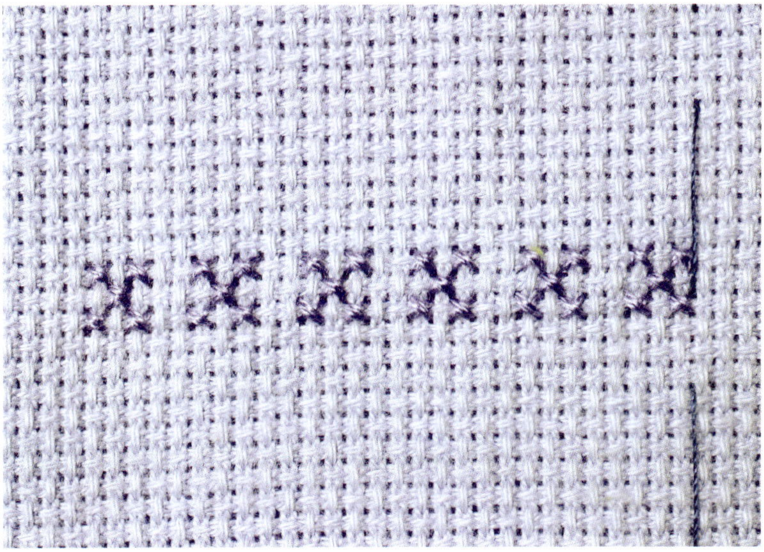

6. Cette photographie montre la partie gauche de la serviette. Les motifs centraux des six carreaux situés à gauche du fil de bâti sont terminés.

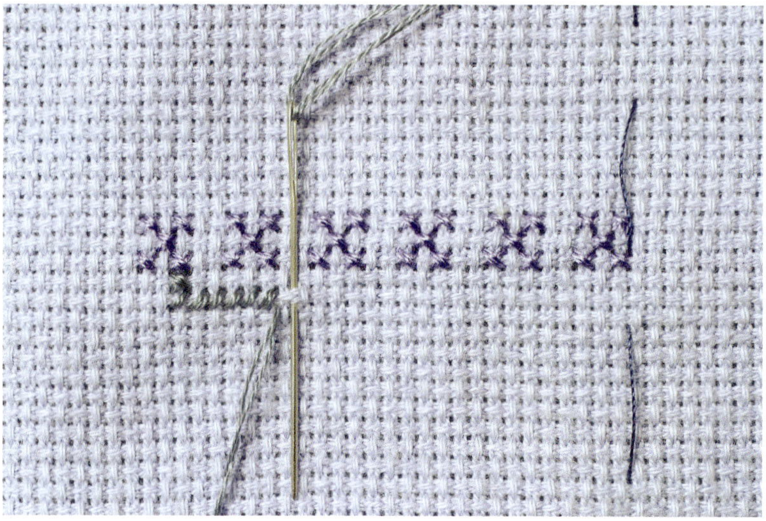

7. Commencez à broder le robinet, en suivant le diagramme. Exécutez le premier point de couleur grise sous le point inférieur droit du motif central du premier carreau. Faites deux points à la verticale, puis continuez en brodant horizontalement, de gauche à droite, une rangée de six demi-points. Complétez-les en revenant de droite à gauche.

Pour terminer chaque ensemble de points, passez l'aiguille sous trois ou quatre points, sur l'envers de l'ouvrage, et coupez le fil. Utilisez des ciseaux bien aiguisés pour couper le fil avec netteté, sans l'effilocher.

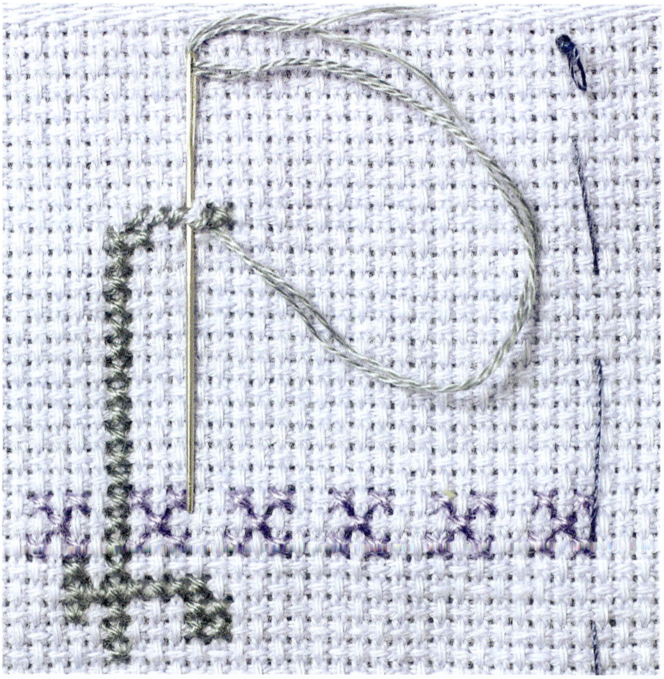

8. Poursuivez la broderie du robinet et du tuyau de douche. Sur la partie supérieure, brodez horizontalement cinq demi-points, de gauche à droite, puis complétez-les en revenant de droite à gauche.

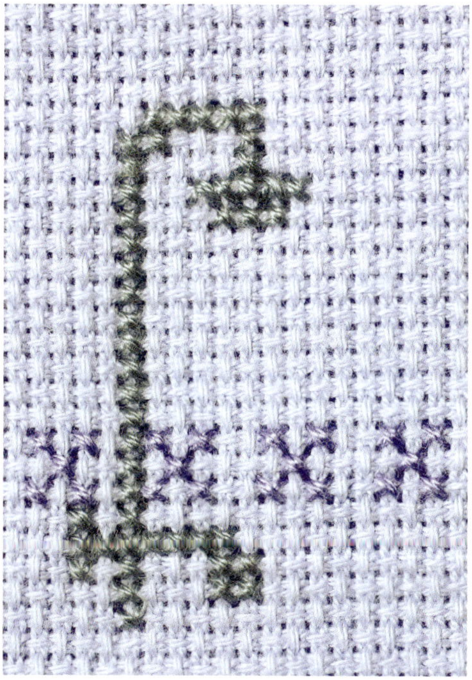

9. Poursuivez par la partie verticale droite du tuyau et la pomme de douche. Référez-vous toujours aux points déjà brodés pour vous situer au fur et à mesure.

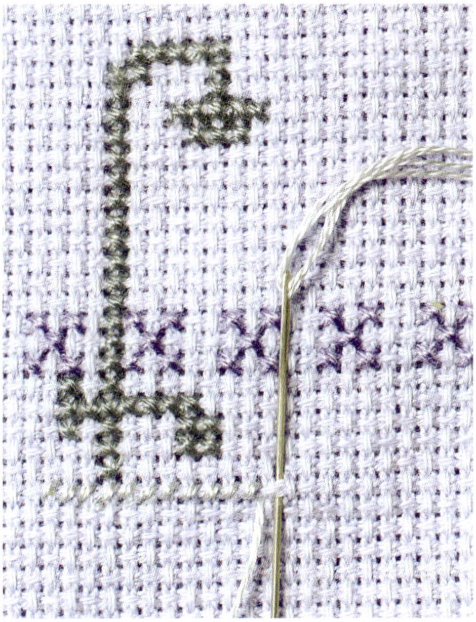

10. Avec le fil DMC 762, commencez à broder le bord supérieur de la baignoire. Partez du troisième carré de toile, à gauche du carré situé dans le prolongement du point inférieur du tuyau de douche. Faites ainsi cinquante et un points de croix, de gauche à droite, puis de droite à gauche.

11. Poursuivez la réalisation de la baignoire, en vous référant au diagramme pour les changements de couleurs. Comme on le voit ici, la baignoire est ornée d'une frise en zigzag rose fuchsia. Les ombres soulignant le rebord, la base et les pieds (DMC 415) sont brodées dans une couleur plus sombre.

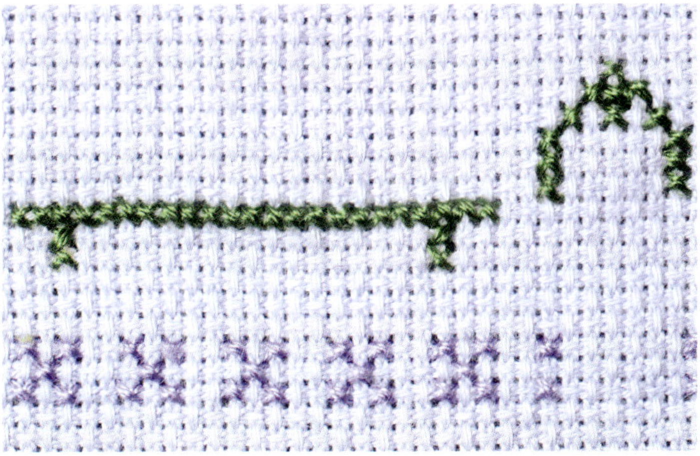

12. Brodez, toujours avec deux fils, l'étagère et le porte-serviettes avec le vert le plus soutenu (DMC 367).

13. Après avoir brodé les onze premiers points verticaux de la serviette dans la couleur fuchsia (DMC 603), brodez cinq points horizontalement, de gauche à droite, à partir du carré situé en bas à droite de la ligne verticale. Achevez la serviette avec la couleur rose plus pâle (DMC 604), puis le liseré dans la couleur DMC 414. Passez ensuite aux objets posés sur l'étagère.

14. Le motif est presque achevé. Il ne reste plus qu'à exécuter le point de piqûre délimitant les carreaux. Sur cette photographie, les carreaux sont entièrement brodés. Vous pouvez aussi réaliser au point de piqûre le contour de la baignoire, pour la mettre davantage en relief.

Cette broderie permet d'embellir avec délicatesse une serviette de toilette. Vous pouvez broder ainsi toutes vos serviettes, pour obtenir un ensemble coordonné particulièrement décoratif.

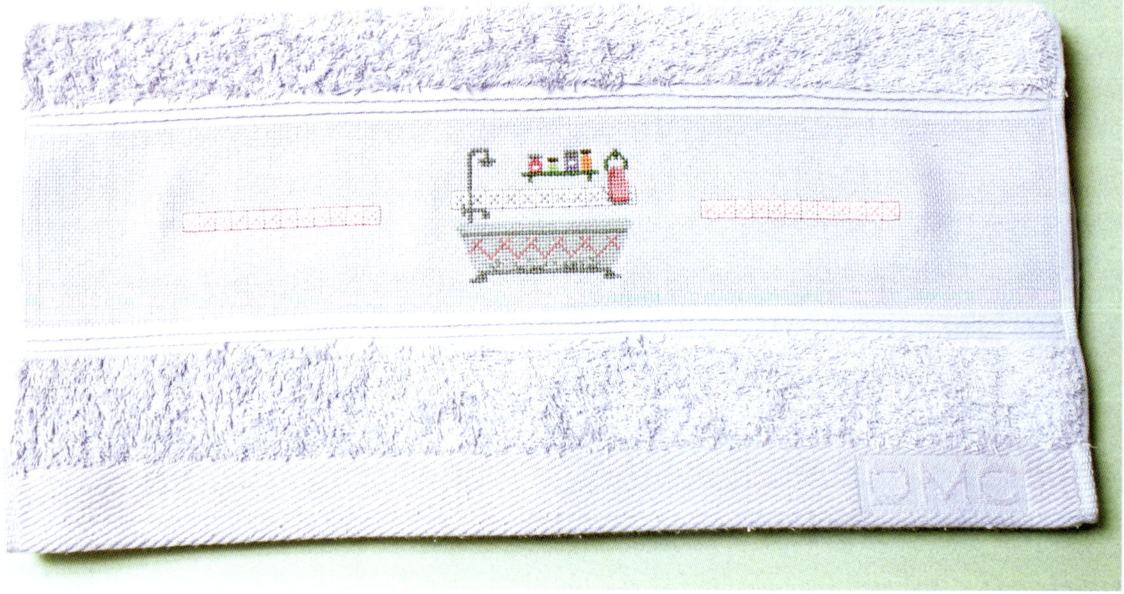

1 La partie de dominos

Nous vous proposons ici de décorer un ensemble de serviettes de toilette de façon originale, en les brodant avec les pièces d'un jeu traditionnel et très connu, les dominos.

Cet exemple montre qu'il suffit de faire preuve d'un peu de créativité pour concevoir des motifs qui sortent de l'ordinaire. Ce genre de motif peut embellir divers éléments de votre intérieur et étonner votre entourage. Ainsi décorée, votre maison ne sera plus un lieu de vie banal, mais gagnera en caractère.

Fournitures

- Serviette de toilette blanche spéciale broderie
- Coton Mouliné Spécial DMC
- Bobine de fil
- Aiguille
- Dé
- Ciseaux
- Centimètre
- Modèle

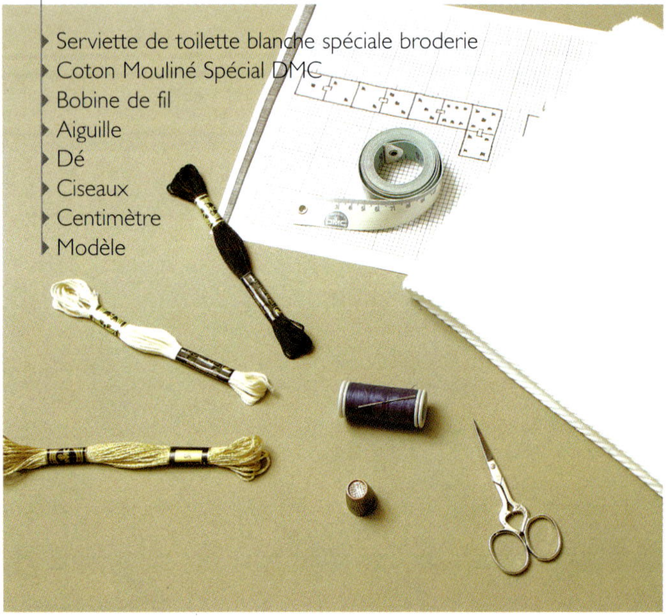

Couleurs à utiliser

	DMC 310	B
	DMC Écru	#
	DMC Or	S
	DMC 310 Point de piqûre	

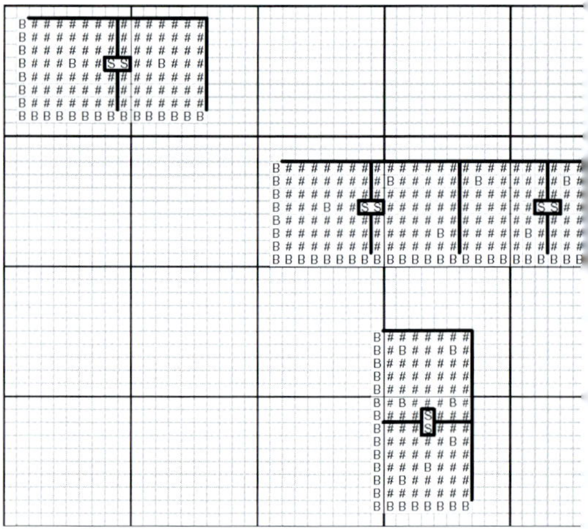

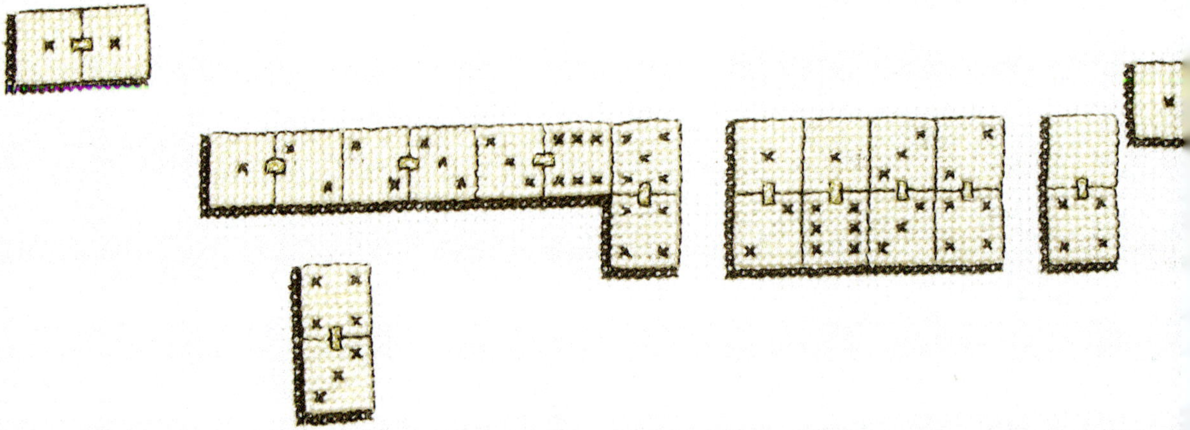

1. Sur le diagramme est indiquée la partie centrale du motif qui servira à décorer la serviette de toilette.

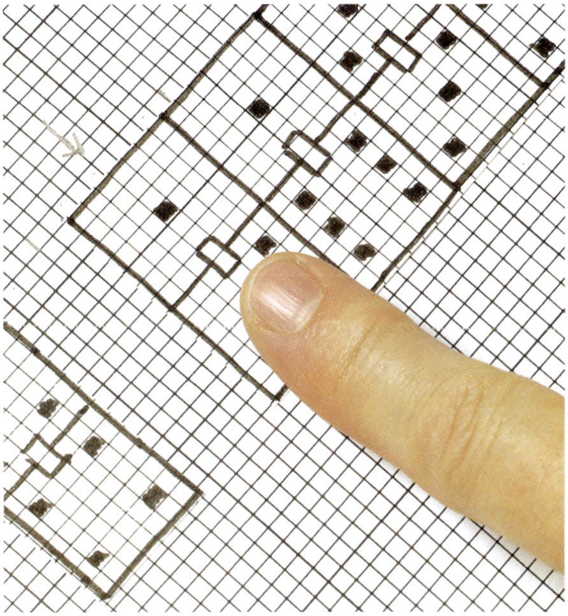

Pour broder au point de croix, n'utilisez jamais une aiguillée de plus de 50 centimètres : non seulement vous travaillerez plus facilement, mais cela vous épargnera bien des problèmes.

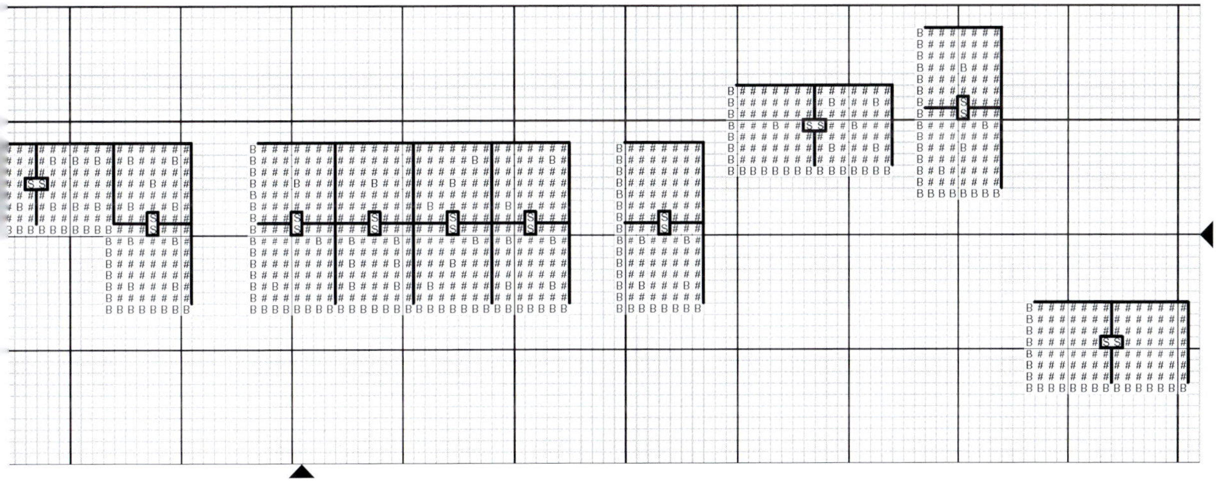

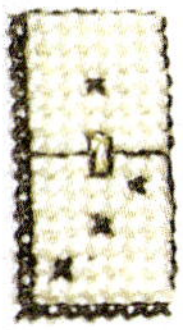

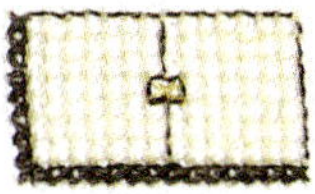

2. Faufilez l'axe vertical marquant le centre de la bande de toile de la serviette, et commencez la broderie à gauche de ce fil de bâti, en comptant les carrés, pour en déterminer la hauteur exacte. Positionnez vos mains de façon à maintenir la toile bien tendue au fur et à mesure que vous brodez.

Vous ne broderez les contours des différents éléments qu'après avoir terminé le travail au point de croix. La broderie au point de piqûre, qui sert à souligner le contour des motifs, constitue toujours la phase finale de l'ouvrage.

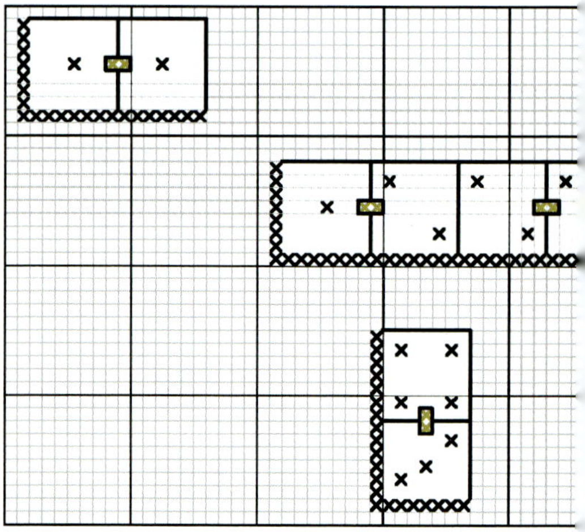

3. Brodez les dominos avec le fil écru, en laissant des espaces à l'emplacement des points de croix que vous réaliserez ensuite en noir. La photographie ci-contre montre l'exécution du domino 4-3, situé sous le domino 1-2.

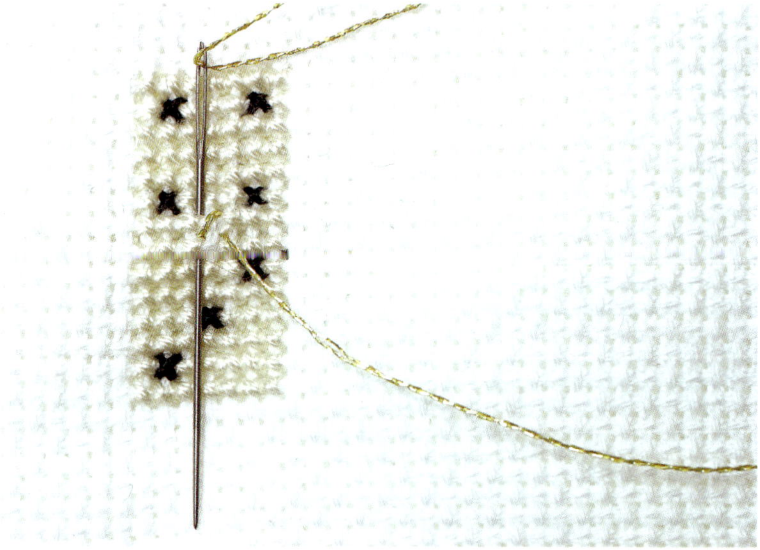

4. Au centre de chaque domino, exécutez deux points avec le fil de couleur or. Travaillez avec un seul brin.

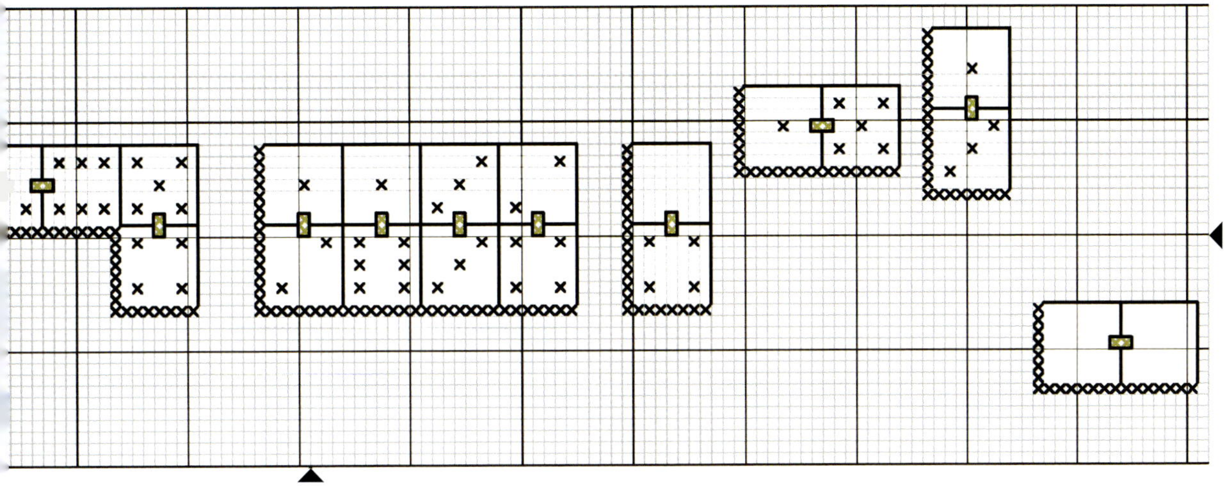

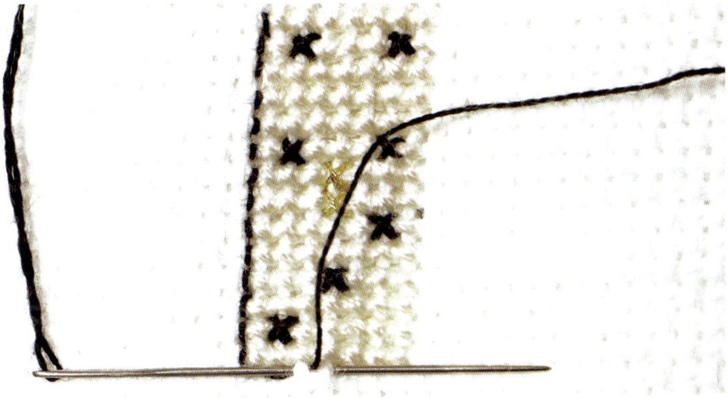

5. Brodez le contour des dominos au point de piqûre, avec un seul brin de fil noir.

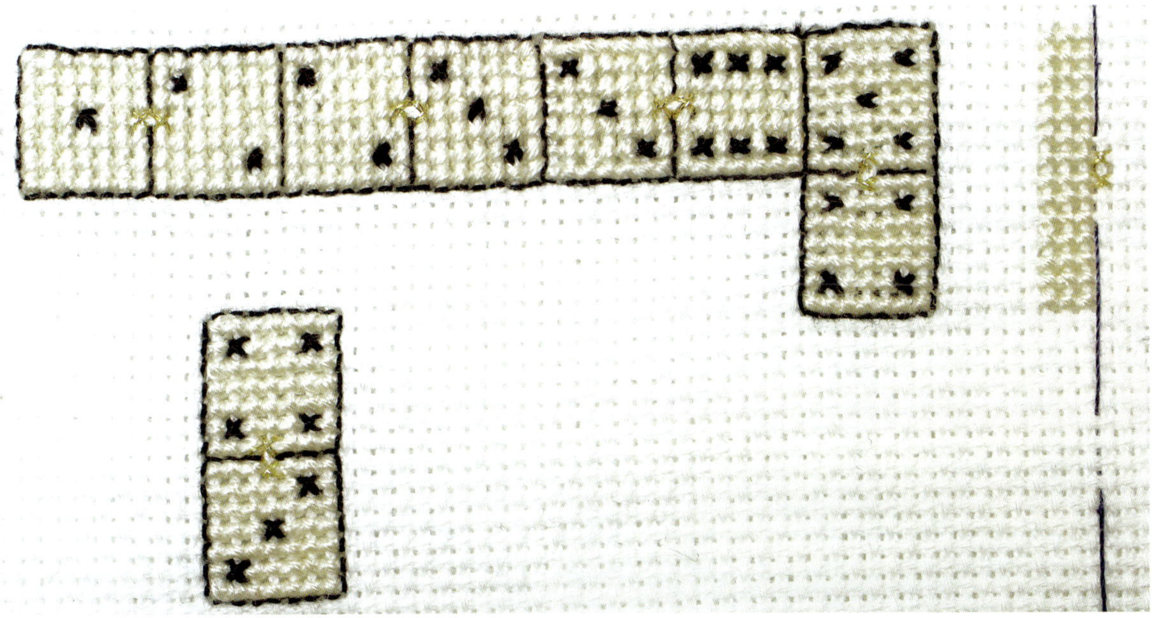

6. À ce stade, l'ouvrage est bien avancé : la moitié du motif qui se trouve à gauche du fil de bâti central est presque achevée. Continuez à broder la partie droite du domino du milieu.

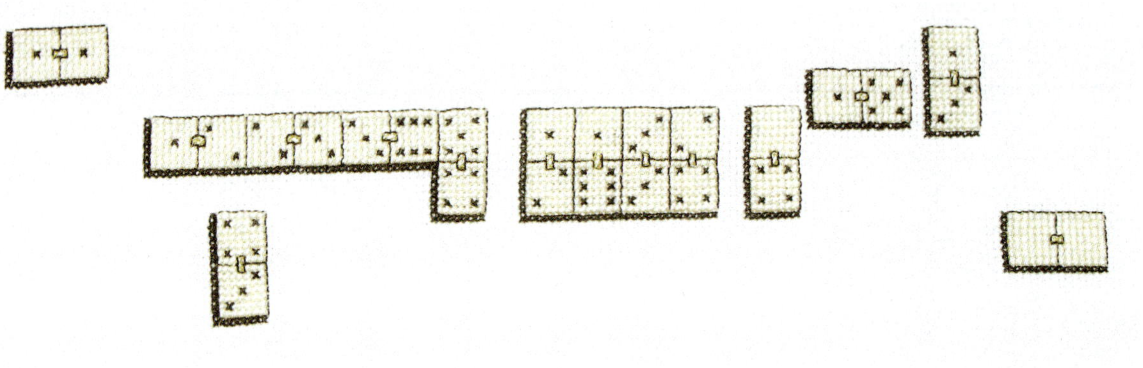

7. Après avoir brodé tous les dominos et souligné leur contour d'un point de piqûre, ajoutez une ligne de points de croix noirs sur le bord gauche et le bord inférieur des dominos, pour figurer les ombres et les mettre davantage en relief.

Le point de piqûre est le point de broderie que l'on utilise, en général, pour souligner le contour des motifs décoratifs exécutés au point de croix. On s'en sert également pour mettre en valeur des détails internes, et donner ainsi à certains éléments une meilleure définition. En principe, il est exécuté dans l'un des tons les plus soutenus du motif.

Cet ouvrage comporte des points de croix qui doivent être brodés isolément, avec un seul brin de fil DMC, chacun étant réalisé entièrement avant l'exécution du point suivant. Ce motif original aux couleurs sobres permet de donner une touche raffinée à un ensemble de serviettes de toilette et d'enrichir ainsi la décoration de la salle de bains.

2 La promenade en landau

Ce superbe bavoir, brodé au point de croix dans des couleurs tendres, remplira une double fonction : non seulement il habillera bébé avec élégance, mais il protégera aussi ses vêtements lorsqu'il prendra son biberon ou savourera les premiers petits plats que vous lui aurez préparés.

Couleurs à utiliser

	DMC 913	S
	DMC 911	=
	DMC 963	‡
	DMC 3716	Ø
	DMC 318	@
	DMC 414	Ï
	DMC Blanc	W
	DMC 414 Point de piqûre	

Fournitures

- Bavoir en toile Aïda blanche
- Picot et biais
- Coton Mouliné Spécial DMC
- Aiguille
- Épingles
- Centimètre
- Dé
- Ciseaux
- Modèle

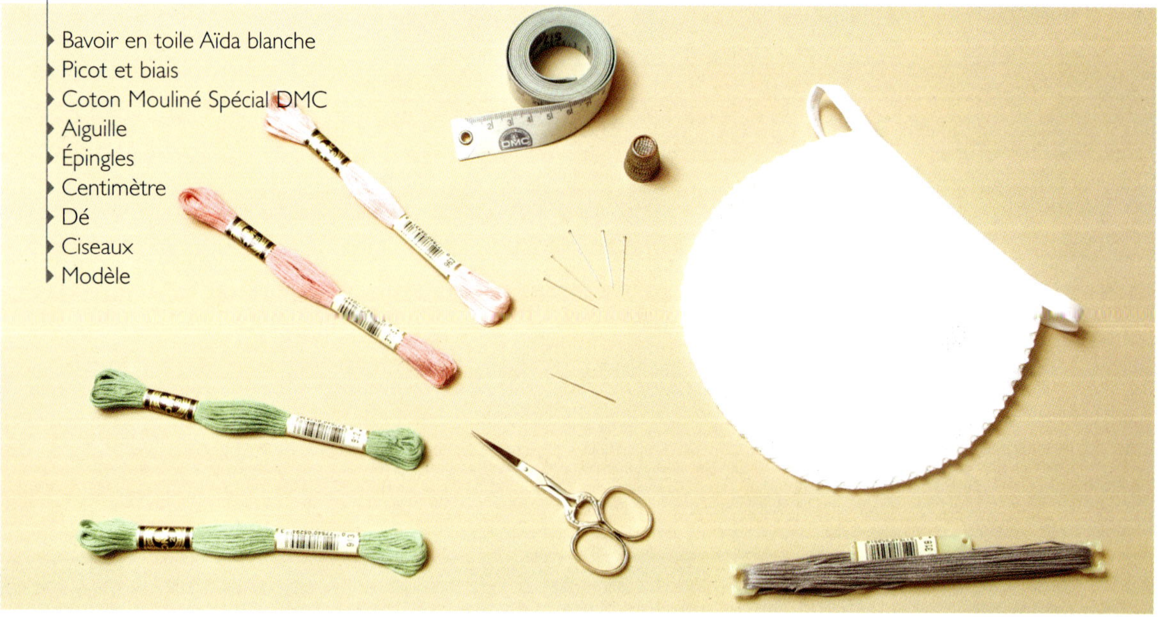

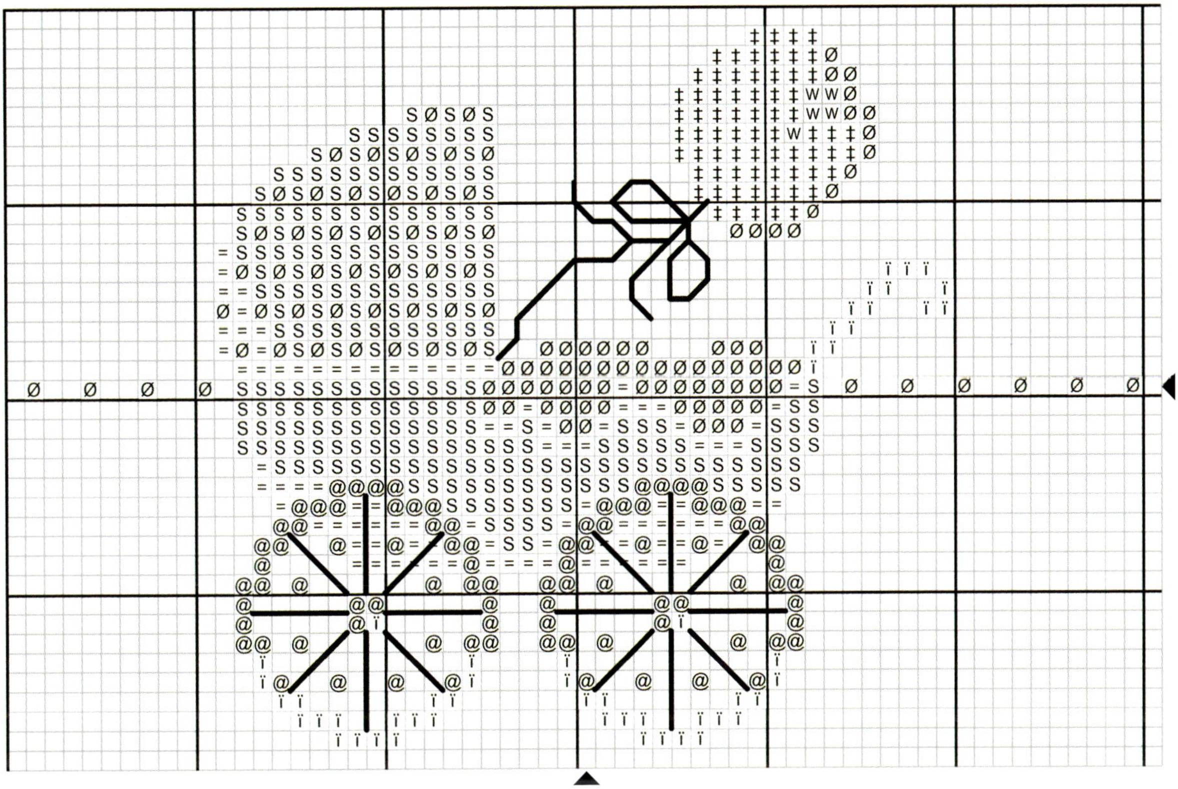

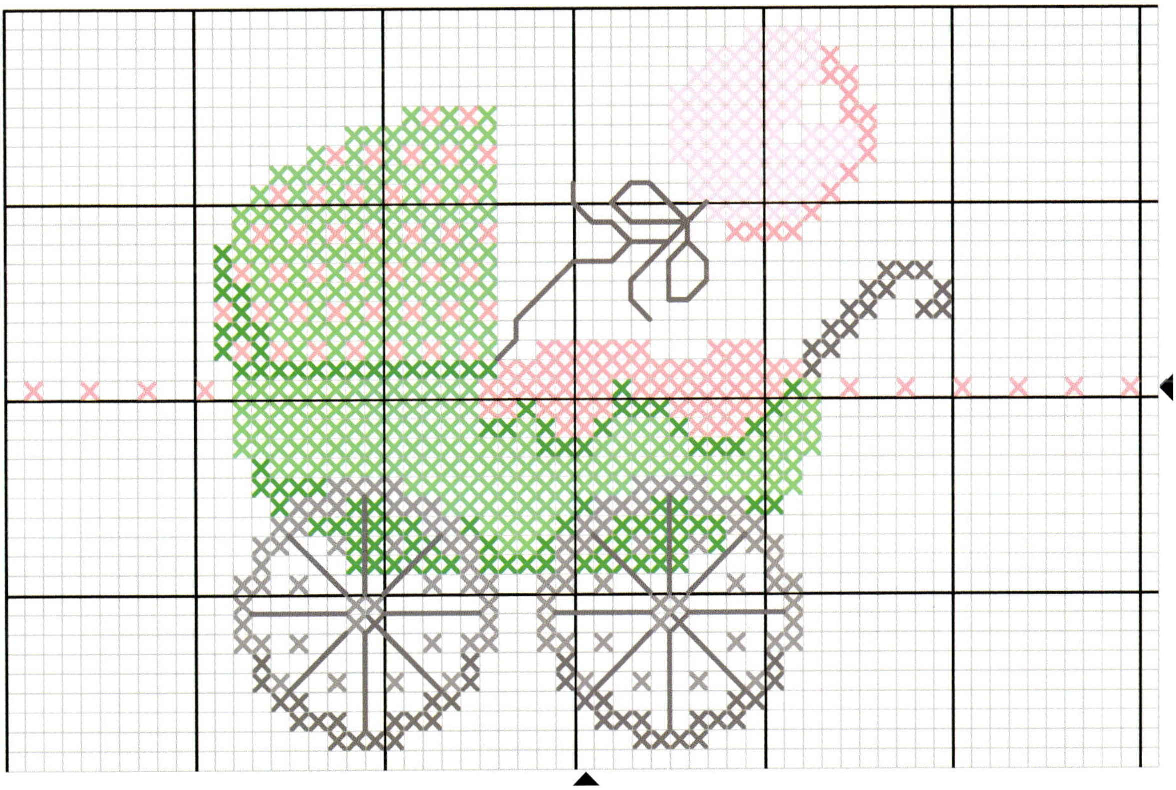

1. Coupez les deux épaisseurs du bavoir dans de la toile Aïda et dessinez l'arc correspondant au décolleté. Placez les deux morceaux de toile l'un sur l'autre, endroit contre endroit, et glissez le picot bordant la partie arrondie du bavoir entre les deux, hormis au niveau du décolleté. Unissez les trois éléments à la machine à coudre, au point de piqûre simple. Retournez le tout et piquez de nouveau à la machine le contour du bavoir, à l'exception du décolleté. Placez le biais autour du décolleté, en laissant de part et d'autre suffisamment de longueur pour attacher le bavoir. Cousez-le au niveau du décolleté.

2. À l'aide d'une règle et d'un centimètre, repérez le centre de la largeur du bavoir. Ici, il se trouve à 7,5 cm du bord et correspond, sur la photographie, à l'endroit indiqué par l'épingle.

3. Placez deux épingles sur l'axe vertical central du bavoir, puis indiquez l'axe médian horizontal à l'aide de plusieurs épingles, en comptant les carrés de la toile.

4. Sur cette photographie, on peut voir que le point de rencontre des deux épingles coïncide avec le centre de la toile. À droite de cet axe vertical, on a piqué trois épingles, de gauche à droite, séparées de dix carrés, en suivant l'axe médian horizontal du motif.

5. Commencez à broder le motif, en suivant attentivement le diagramme. Exécutez le premier point vert, en partant du troisième carré à gauche du centre du diagramme, sur la ligne de carrés située au-dessous de l'axe horizontal. Poursuivez par les points de croix situés au-dessous à gauche, sautez un carré, brodez un point isolé sur la droite, et sous ce point, de gauche à droite, trois points dans le sens horizontal. Continuez avec la couleur rose.

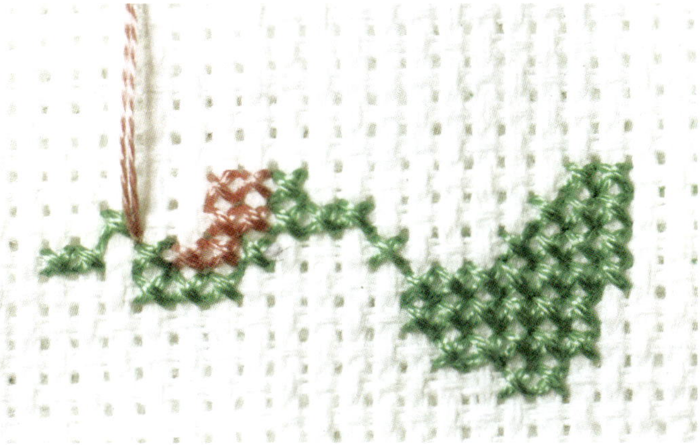

6. Après avoir brodé les six premiers points de couleur rose, désenfilez l'aiguille, afin de poursuivre en vert le contour du landau, en comptant soigneusement les carrés occupés par la couleur verte.

7. Continuez à broder la partie droite du landau en vert, puis enfilez l'aiguille avec du fil gris, pour réaliser le contour de la roue, comme l'indique la position de l'aiguille sur la photographie.

8. Continuez à broder le contour de la roue, en utilisant un gris plus foncé pour la partie inférieure.

9. Après avoir brodé tout le contour de la roue, reprenez le fil rose et brodez dans le même ton toute la couverture. Terminez en remplissant la partie correspondant à la nacelle du landau dans deux tons de vert, en suivant le diagramme.

Pour situer correctement l'axe vertical et l'axe horizontal du motif décoratif et en marquer le centre, vous pouvez utiliser différentes méthodes : des épingles ou le faufilage, par exemple.

10. Après avoir brodé la nacelle du landau en vert, passez au contour de la roue de gauche, puis complétez la roue de droite. Sur cette photographie, on voit la roue de droite une fois achevée.

11. Pour broder la roue, travaillez indistinctement à l'horizontale ou en diagonale, suivant l'élément à réaliser. Observez la position que doit avoir l'aiguille pour commencer les quatre points de la partie centrale de la roue.

12. Pour broder les rayons de la roue au point de piqûre, n'utilisez qu'un seul brin. Comme le montre la position de l'aiguille sur la photographie, tous les points de piqûre doivent être orientés dans le même sens.

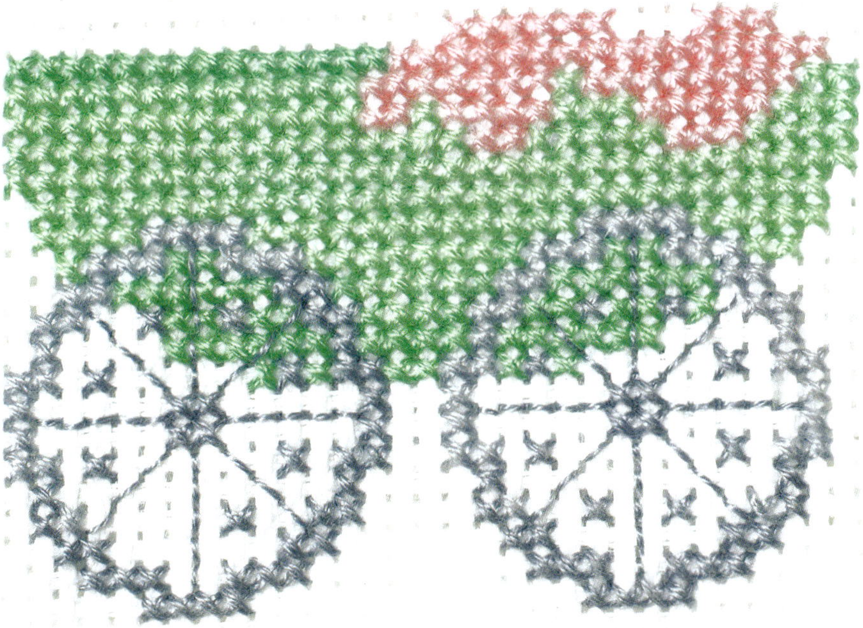

13. La partie inférieure du landau est terminée. Les différents tons utilisés donnent beaucoup d'élégance au motif.

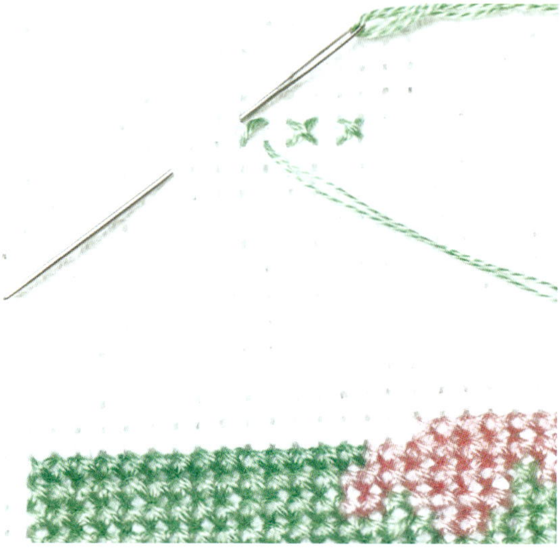

14. Comptez les carrés de la toile pour calculer la distance séparant le haut de la capote du bord de la nacelle. Brodez la capote de haut en bas, en commençant par les points de croix verts, séparés d'un espace. Travaillez en augmentant chaque rangée sur la gauche, en plantant l'aiguille obliquement de droite à gauche à la fin de la rangée précédente, comme ci-dessus.

15. Après avoir brodé une deuxième rangée de points de croix, non espacés cette fois, exécutez la troisième rangée. Brodez un demi-point, sautez un carré, brodez le demi-point suivant, et ainsi de suite jusqu'à la fin de la rangée.

Les motifs ornant les vêtements ou autres éléments destinés aux bébés doivent être brodés dans une gamme de couleurs tendres.

16. Les rangées 1, 3, 5, 7, 9, 11 et 13 sont réalisées en alternant un point de croix et un carré vide, avec leurs augmentations et diminutions respectives. Les rangées 2, 4, 6, 8, 10 et 12 sont brodées à l'aide de demi-points contigus, de gauche à droite, puis de droite à gauche, l'augmentation ou la diminution étant effectuée à gauche, en fin de rangée.

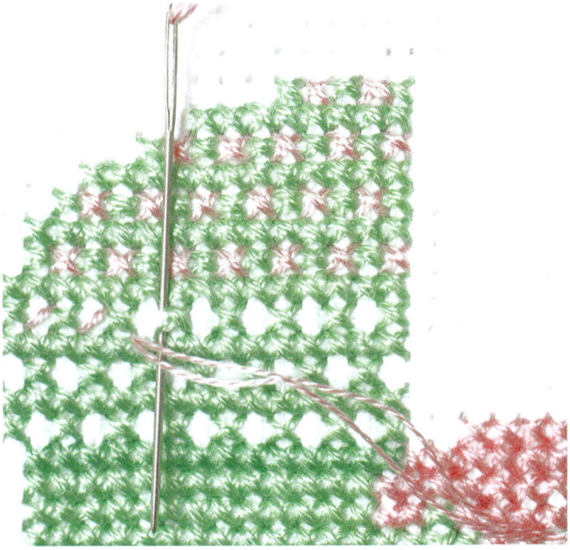

17. La broderie de la capote est réalisée dans deux tons. Avec le fil DMC 3716, de couleur rose, remplissez les espaces en brodant chaque rangée en deux temps, de gauche à droite, puis de droite à gauche. Cette photographie montre l'exécution de la broderie des demi-points de la neuvième rangée.

18. Ici, les demi-points de croix roses de la onzième rangée sont complétés en travaillant de droite à gauche, entre les points de croix verts.

19. Brodez le ballon, dans deux tons de rose et en blanc. Pour comprendre comment il faut commencer cette partie du motif, observez la position de l'aiguille.

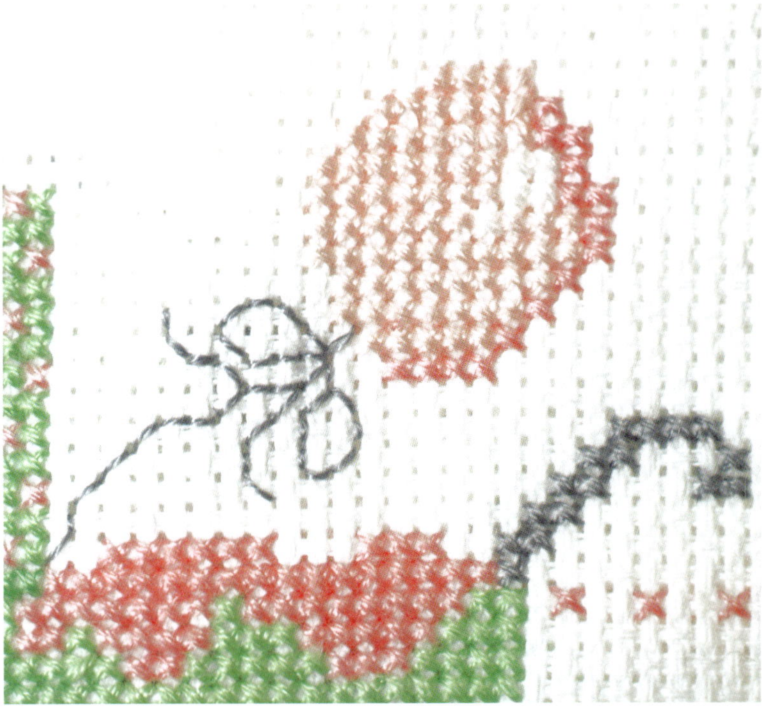

20. Brodez le fil du ballon, au point de piqûre, en gris foncé. Passez ensuite à la poignée du landau, au point de croix, dans le même ton de gris. Terminez par la frise de points de croix rose foncé.

21. L'ouvrage est terminé. Comme on peut en juger d'après cette photographie, chaque point a servi à enrichir le motif, les différents tons employés lui donnant suffisamment de relief tout en restant très doux.

Bien que l'on dispose d'une grande liberté dans le choix des couleurs pour broder un ouvrage destiné à un bébé, il est préférable de s'en tenir à des couleurs tendres, afin de donner un aspect plus délicat au motif.

Ce bavoir en toile Aïda, brodé de couleurs pastel DMC, est parfait pour les tout-petits. Vous pouvez le personnaliser en brodant les initiales ou le nom de l'enfant auquel il est destiné, soit au point de piqûre, soit au point de croix. Suivant l'imagination ou la créativité de chacun, ce genre d'ouvrage peut être embelli de détails d'une grande simplicité.

3 Le temps des vendanges

Le motif végétal proposé ici, une grappe de raisin et une feuille de vigne enjolivées d'une vrille, brodées dans différents tons de vert, est répété sous forme de frise pour embellir un chemin de table. Pour obtenir un ouvrage de qualité, la broderie au point de croix doit être parfaite, et la toile bordée d'un ourlet souligné d'un jour échelle, une finition qui donnera beaucoup d'élégance au chemin de table.

Couleurs à utiliser

	DMC 420	K
	DMC 469	8
	DMC 471	=
	DMC 472	Ï
	DMC Blanc	W

Fournitures

- Toile de coton unifil
- Coton Mouliné Spécial DMC
- Bobine de fil d'une couleur contrastée
- Tambour à broder
- Aiguille
- Dé
- Ciseaux
- Centimètre
- Modèle

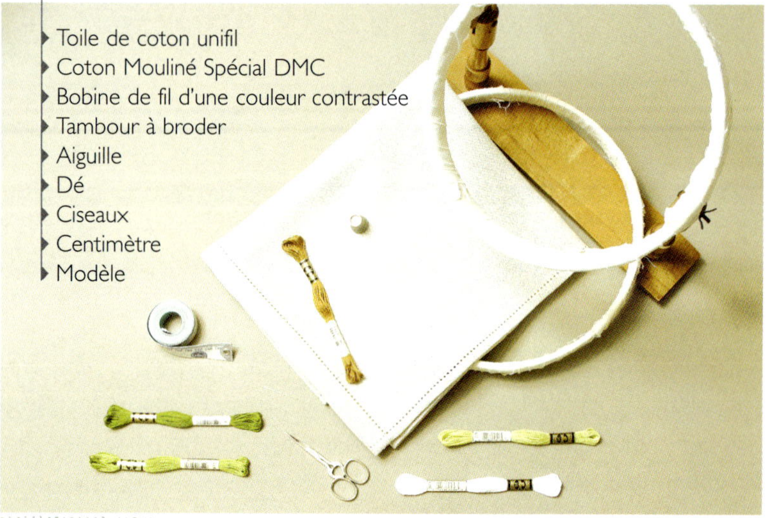

1. Posez la toile sur le cercle intérieur du tambour, puis emboîtez le cercle extérieur sur le premier et serrez-le jusqu'à ce que la toile soit bien tendue. Avec le centimètre, et à l'aide d'une aiguille, déterminez le centre du motif. Ici, il se trouve à 22,5 cm du bord.

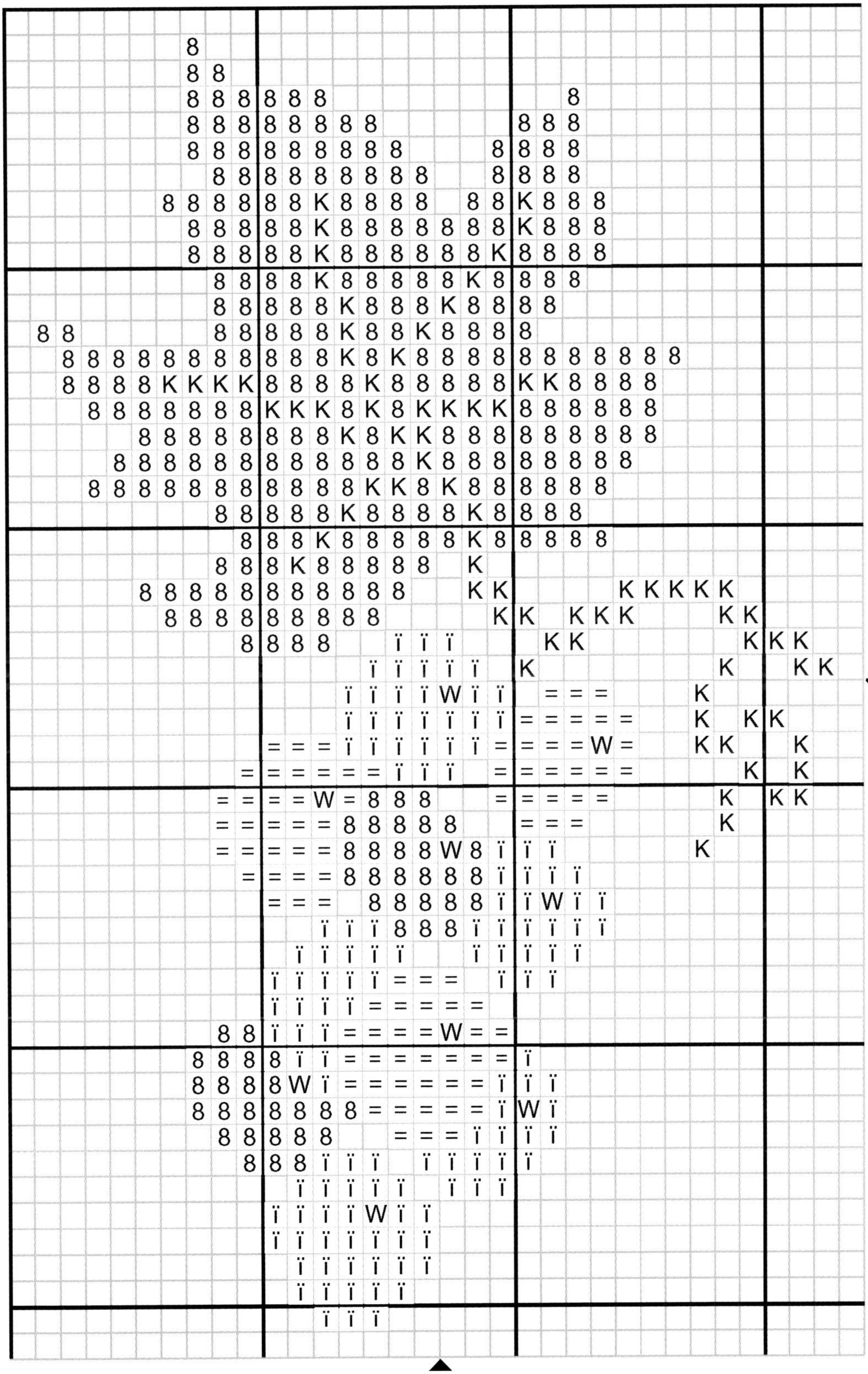

2. Après avoir faufilé l'axe central du motif et compté les points, commencez la broderie au point de croix. Sur cette photographie, on voit qu'il faut débuter par la partie supérieure droite de la feuille.

3. Brodez ainsi l'ensemble de la feuille, avec la couleur DMC 469. Remplissez les espaces avec la couleur DMC 420, pour dessiner les nervures. Terminez en brodant la queue et la vrille, avec la même couleur.

Pour broder au point de croix, il faut respecter la distribution des points indiquée par le diagramme. C'est pourquoi on utilise, en général, des toiles dont le tissage facilite le comptage des fils.

4. La position des mains et les plis de la toile indiquent que l'on travaille ici sans tambour. Les points individuels sont brodés en piquant l'aiguille verticalement de haut en bas, chacun d'eux étant complété avant l'exécution du suivant. Ici, la première moitié du point a été brodée et la position de l'aiguille et la direction du fil montrent que l'on s'apprête à terminer le point.

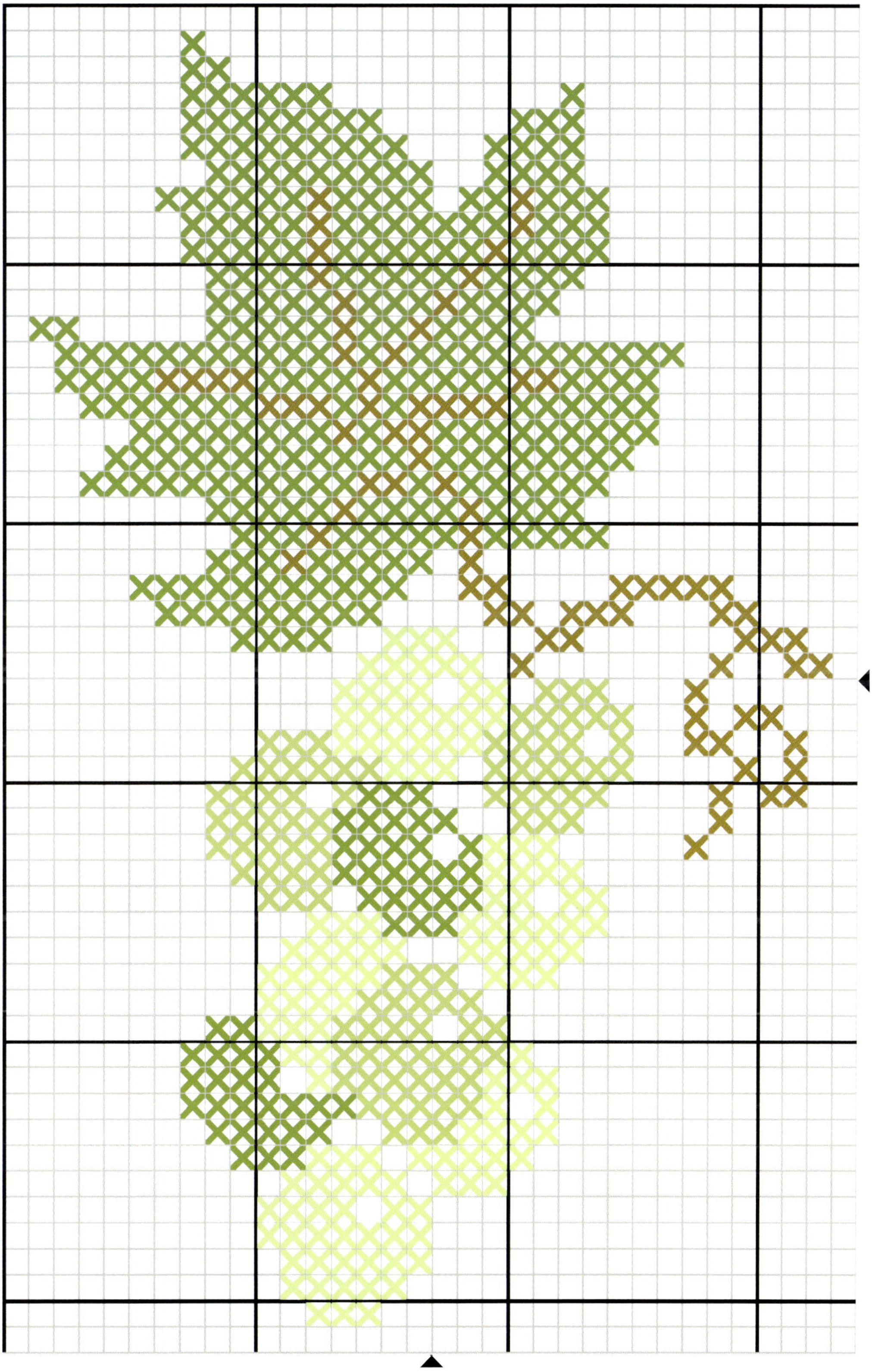

5. Cette photographie, prise de près, montre que l'on travaille sur une toile de coton unifil, qui pourrait aussi être une toile de lin. La feuille et sa tige sont ici terminées.

6. Brodez le premier grain de raisin avec le fil DMC 472. Commencez par le haut, au niveau de la rangée inférieure de la feuille, en laissant deux espaces à gauche. Réalisez une première rangée de trois points de croix. Exécutez la deuxième rangée, en augmentant d'un point à gauche et à droite, pour obtenir cinq points de croix. Pour la troisième rangée, augmentez d'un point à gauche, brodez quatre points de croix, laissez un espace et terminez par deux points de croix. Pour la quatrième et la cinquième rangée, exécutez sept points de croix. Pour la dernière rangée, laissez deux espaces au début et brodez trois points de croix.

7. La position des mains indique que l'on travaille ici avec un tambour à broder : une main est située au-dessus de la toile pour piquer l'aiguille, l'autre au-dessous, pour tirer l'aiguille.

8. Sur la toile de coton unifil, comme sur la toile de lin, les points s'effectuent sur deux fils dans chaque sens. Ici, la position de l'aiguille indique que l'on vient de sauter un carré et que l'on s'apprête à broder le point suivant du troisième grain de raisin. L'aiguille est piquée verticalement, puisque l'on utilise un tambour.

9. Cette photographie montre que, si l'on veut obtenir un résultat soigné, les points doivent être d'une parfaite régularité. On obtient de meilleurs résultats avec un tambour à broder.

10. Le motif décoratif est presque achevé. Il ne reste plus qu'à réaliser les points isolés de couleur blanche.

11. Pour broder sur une toile de coton unifil dont les fils sont assez épais, il faut utiliser trois brins de fil. On voit, ici, que l'on travaille avec trois brins de fil blanc pour compléter l'ouvrage. L'aiguille et la main sont parfaitement positionnées, la toile étant toujours tendue sur le tambour.

12. La manière dont on passe l'aiguille dans la toile révèle si on utilise ou non un tambour. Ici, la position de l'aiguille indique que l'on travaille sans tambour. Si la toile était tendue, on ne pourrait pas piquer et ressortir l'aiguille à l'horizontale. Avec un tambour, on pique l'aiguille verticalement de haut en bas, puis de bas en haut.

En répétant le motif, on obtient une élégante frise. Si vous souhaitez harmoniser la décoration d'une pièce et y créer une ambiance très personnelle, vous pouvez broder d'un même motif différents éléments : rideaux, napperons, coussins, etc.

4 La vache dans le pré

La broderie au point de croix est une activité divertissante qui ne présente aucune difficulté, à condition de suivre fidèlement les indications du diagramme. Un simple motif permet de métamorphoser l'élément le plus ordinaire, non seulement en le rendant plus séduisant, mais aussi en lui apportant une touche personnelle. Faites preuve de fantaisie, mais choisissez toujours un motif qui convienne bien à l'élément que vous voulez broder.

Couleurs à utiliser

	DMC 988	H
	DMC 224	E
	DMC 3826	P
	DMC 3822	O
	DMC 3829	N
	DMC 3804	&
	DMC 666	#
	DMC Blanc	W
	DMC 310	B
	DMC 310 Point de piqûre	

Fournitures

- Toile de coton unifil DMC
- Coton Mouliné Spécial DMC
- Cartons pour enrouler le fil
- Bobine de fil
- Aiguille
- Dé
- Ciseaux
- Centimètre
- Modèle

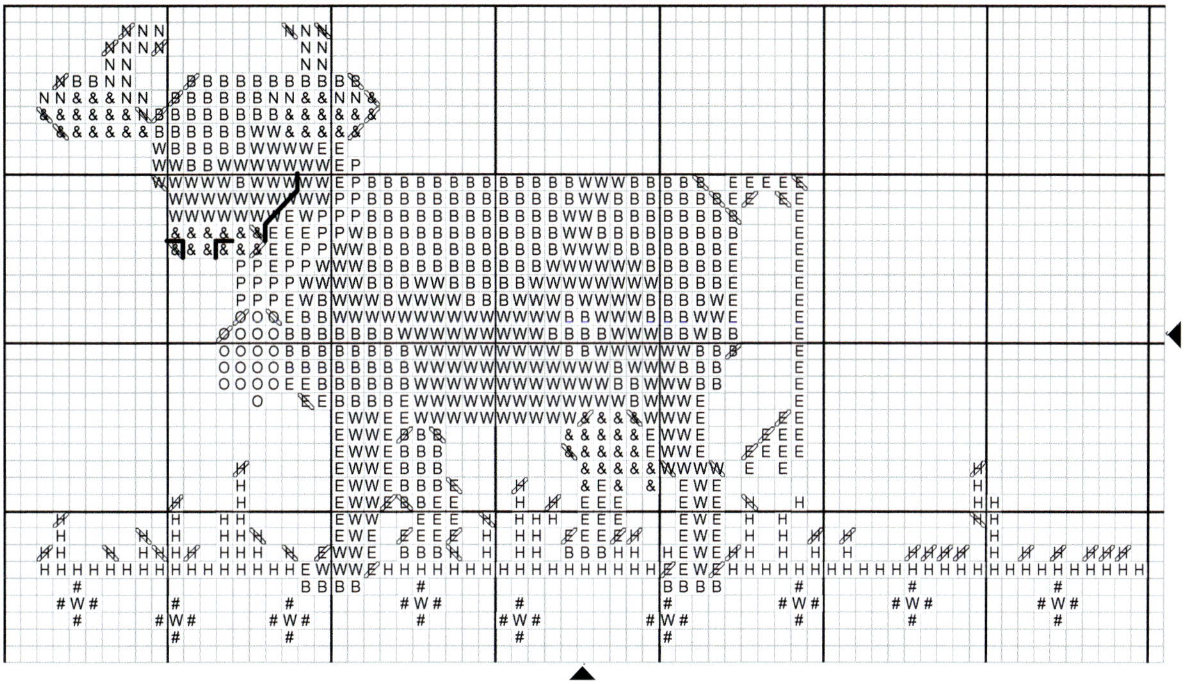

Il est recommandé de broder isolément les motifs de grande taille, pour les mettre davantage en valeur. En revanche, les motifs de plus petite taille font plus d'effet quand ils sont regroupés.

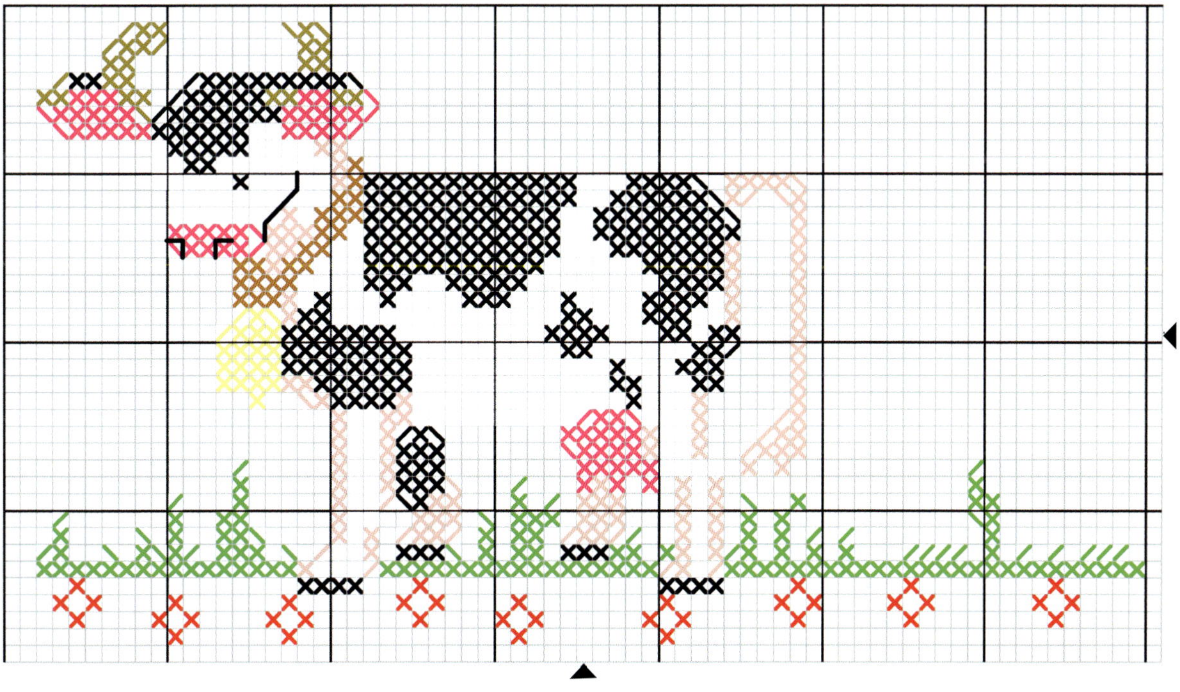

1. Chacun peut adopter la méthode qui lui convient le mieux pour marquer le centre du motif.
Ici, on a choisi de plier le tablier et de marquer les axes des pliures à l'aide d'épingles, avant de les faufiler. On aurait pu, aussi, compter les carrés de la toile pour situer le centre de l'ouvrage.

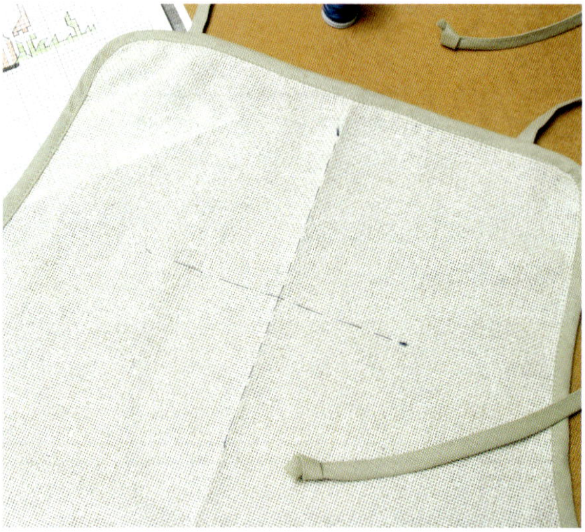

2. Faufilez les axes médians, dont l'intersection détermine le centre de la partie du tablier où vous allez broder le motif.

3. Le diagramme est particulièrement utile pour analyser le travail à réaliser et pour compter les carrés à broder dans chaque partie du motif. Sur ce diagramme, chaque couleur de fil est représentée par un symbole déterminé. Quand on travaille sur une toile Aïda, chaque carré de la toile correspond à un point. Lorsqu'on brode sur une toile de jute ou une toile de lin, chaque point recouvre deux fils de trame et deux fils de chaîne.

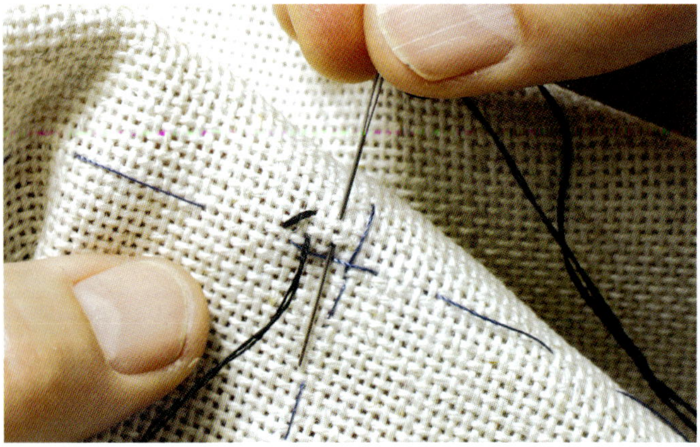

4. Avec une toile de coton unifil ou une toile de lin, on compte le nombre de fils par centimètre. Avec une toile Aïda, la plus utilisée pour le point de croix, on compte le nombre de carrés par pouce (un pouce équivaut à 2,54 cm).

5. Commencez par broder tous les points de croix noirs du corps et des pattes de la vache.

6. Brodez ensuite les points de croix blancs. Quand on travaille sur une toile de jute, il faut toujours utiliser trois brins de fil, pour que le motif ait davantage de relief.

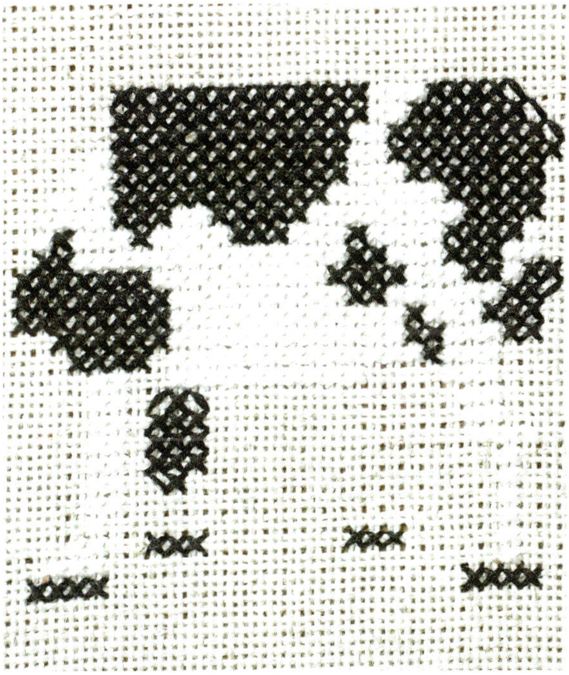

7. Poursuivez le travail en terminant la broderie des parties blanches du corps et des pattes. Pour ce faire, tenez compte des conseils qui vous sont donnés pour d'autres ouvrages présentés dans ce livre.

8. Brodez, en rose le pis de la vache. Si vous voulez broder ce motif sur un tablier, ajoutez une marge de 7 centimètres de toile de part et d'autre du motif. Si vous voulez en faire un tableau, ajoutez une marge de 12 centimètres de chaque côté.

9. Le motif décoratif est composé de deux éléments : la vache et l'herbe et les fleurs, qui forment une frise. Terminez d'abord la broderie de la vache avant de passer à la frise.

10. Les rangées de points sont brodées en deux temps : d'abord de gauche à droite pour les premières diagonales, puis dans le sens contraire, de droite à gauche, pour compléter les points de croix.

11. En exécutant ainsi d'un seul jet les barres des croix orientées dans le même sens, on obtient un résultat plus régulier et plus soigné.

12. Pour la tête de la vache, qui inclut des zones de couleurs différentes, observez bien la distribution des points de chaque couleur sur le diagramme, afin de ne pas vous tromper dans l'exécution du motif. Cette photographie montre comment il faut procéder et quelle zone occupe chaque couleur.

13. Piquez toujours l'aiguille de haut en bas pour réaliser chaque rangée de points, pour obtenir un travail régulier. Quand vous choisissez un ouvrage, étudiez bien le motif avant de vous décider, car si vous n'êtes pas sûr de le réaliser correctement, vous risquez de ne pas l'achever.

14. Travaillez de préférence à la lumière du jour ou, si ce n'est pas possible, utilisez un type d'éclairage qui se rapproche le plus de la lumière naturelle.

Au moment de choisir les fils, assurez-vous qu'ils sont de bonne qualité et que leurs couleurs sont grand teint. Les fils de qualité supérieure sont sans doute plus chers, mais ils garantissent un travail soigné et durable.

15. Détail de l'ouvrage en cours de réalisation. La technique du point de croix est facile à exécuter et même les parties apparemment les plus complexes ne présentent pas de difficulté particulière si vous travaillez de façon scrupuleuse. Elles requièrent simplement un peu plus d'attention. Il suffit de regarder le diagramme et d'en suivre rigoureusement les indications. Commencez par les ouvrages les plus faciles à réaliser, avant de passer à des travaux d'un niveau de difficulté supérieur.

16. Une fois l'ouvrage bien avancé et le motif parfaitement distribué, vous pouvez retirer les fils de bâti qui ne vous servent plus à rien, car vous disposez alors de points de référence suffisants pour poursuivre le travail.

17. À ce stade, la tête de la vache est pratiquement achevée. Elle est brodée à l'aide de deux types de points : le point de croix et le point de piqûre. Ce dernier complète le point de croix pour préciser certains détails et contours.

Choisissez toujours un motif qui vous plaise vraiment. Vous aurez ainsi plus de plaisir à le broder et cela vous incitera aussi à faire preuve de créativité, à introduire certaines variantes qui le rendront encore plus attrayant et apporteront une note personnelle à votre ouvrage.

18. Le point de piqûre s'utilise, en général, pour souligner la séparation entre deux couleurs, le contour de certaines formes, ou pour définir des éléments du motif. Ici, il sert à préciser les naseaux de la vache et à souligner sa mâchoire.

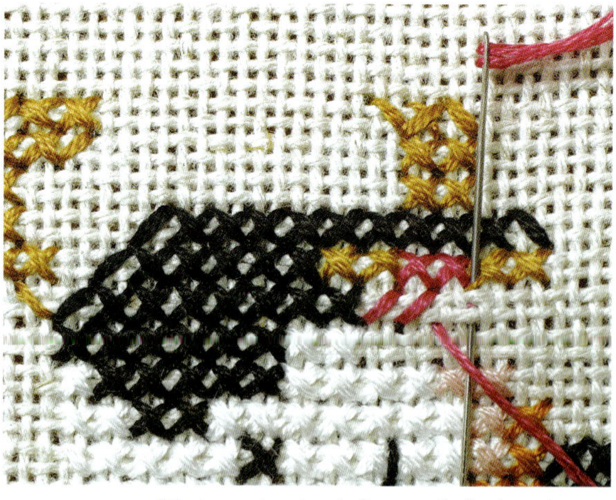

19. Le point de piqûre est facile à exécuter. Il est brodé avec un nombre de brins inférieur à celui utilisé pour le point de croix. Ici, on a utilisé deux brins pour le point de piqûre et trois brins pour le point de croix.

20. En ce qui concerne les changements de couleur, plutôt que de broder seulement quelques points de croix d'une teinte déterminée et de passer à une autre teinte, il est plus facile et plus logique de réaliser en une seule fois tous les points de croix d'une même couleur.

Sur la photographie présentant les fournitures nécessaires à la réalisation de cet ouvrage, page 142, on voit que les écheveaux ont été enroulés sur des cartons spéciaux, pour pouvoir tirer aisément sur le fil sans qu'il fasse des nœuds, et classés par gamme de couleurs. Cette façon de procéder facilite grandement le travail.

21. Pour broder l'herbe, exécutez une rangée de points de croix de gauche à droite, en sautant cinq points au niveau de la patte avant de la vache, puis quatre points au niveau de sa patte arrière. Pour cela, passez l'aiguille, à l'envers, sous les points déjà réalisés.

22. Cette photographie montre la rangée de points verts correspondant à la base de l'herbe. Elle a été brodée en deux temps, de gauche à droite, puis dans le sens inverse, pour compléter les demi-points.

23. Après avoir brodé la base de l'herbe, travaillez de bas en haut, pour réaliser les brins d'herbe.

Une fois la broderie du motif terminée, vous pouvez ajouter certains détails, également brodés, qui embelliront encore le tablier, un accessoire souvent très ordinaire qui est, en général, peu esthétique.

24. Suivez fidèlement le diagramme, pour éviter de faire des erreurs en brodant ces brins d'herbe. Certains sont formés de points obliques ou demi-points qui ne sont pas orientés dans la même direction, ou composés de points de croix complets et de demi-points regroupés de façon différente.

25. Vous pouvez passer aisément d'un brin d'herbe à l'autre avec la même aiguillée, à condition que l'espace entre les points ne soit pas trop important. Ici, les quatre premiers brins d'herbe se trouvant derrière la vache ne sont espacés que d'un point, tandis que le quatrième et le cinquième sont distants de trois points. Il est alors préférable de passer le fil, sur l'envers de la toile, sous la rangée horizontale de points déjà réalisés, pour éviter de laisser une trop grande traînée de fil.

26. Quand on brode un tableau, on peut laisser davantage de fils libres sur l'envers, puisque ce côté de l'ouvrage ne sera, en principe, pas visible. Cependant, il faut prendre certaines précautions, car, si la toile est claire et très ajourée et le fil foncé, il peut se voir par transparence.

27. Chaque fois que vous terminez une aiguillée, retournez la toile et passez l'aiguille, à l'envers, sous cinq ou six points. Coupez l'excédent de fil avec netteté, de façon que le bout coupé se trouve au ras de la toile et se remarque le moins possible.

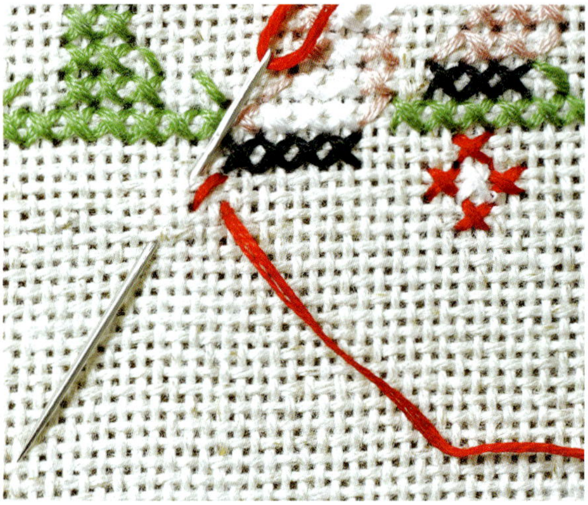

28. Pour broder les fleurs, piquez l'aiguille sur l'envers de la toile et exécutez la série de croix, en recouvrant l'extrémité du fil que vous avez laissé dépasser à l'envers. Ainsi, le fil sera bien fixé et ne se défera pas.

29. On voit, ici, la direction à suivre pour broder les quatre points de croix rouges formant chaque fleur.

30. Brodez le point de croix blanc formant le cœur de la fleur, comme l'illustre la photographie ci-contre.

31. Chaque point de croix blanc brodé au centre des fleurs doit être correctement arrêté.
Pour cela, passez l'aiguille sous quelques points, toujours sur l'envers du tissu. Ne faites jamais de nœud, ni au début ni à la fin de l'ouvrage.

32. Le motif est terminé. Il ne reste plus qu'à le repasser. Placez l'ouvrage, envers vers vous, sur une serviette-éponge et recouvrez-le d'une pattemouille. N'oubliez jamais qu'une broderie doit toujours être repassée sur l'envers.

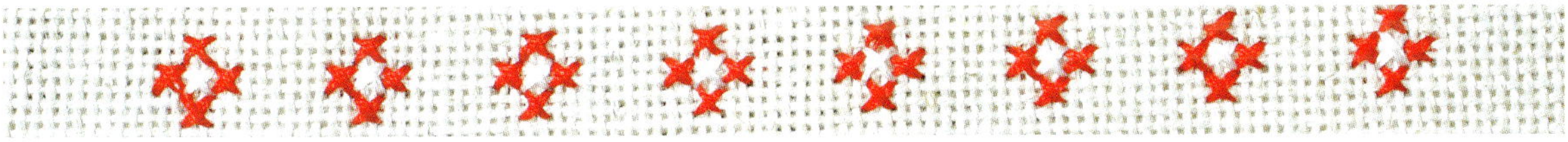

33. Si votre tablier est muni d'une poche, vous pouvez aussi la décorer, comme nous l'avons fait ici, d'une série de fleurs identiques à celles que vous avez brodées à la base du motif principal.

Voici le tablier brodé au point de croix. Si vous voulez décorer de la même façon un tablier fait d'un tissu à trame serrée, utilisez un canevas tire-fil pour réaliser la broderie. Faufilez le canevas tire-fil sur le tissu du tablier et, après avoir exécuté la broderie, coupez les fils du canevas et retirez-les. Le résultat sera identique à celui que vous auriez obtenu en brodant directement le tablier.

5 Champ de trèfles

La broderie que nous vous proposons d'exécuter ici est formée d'un motif géométrique simple : une frise composée de feuilles de trèfle et de deux lignes de points de croix. Elle est brodée entièrement au point de croix, sur une toile de lin vert pastel, avec du coton mouliné DMC.
La pochette ainsi brodée peut avoir divers emplois : pour ranger une serviette, les chaussettes de bébé, etc. Si vous l'utilisez comme porte-serviettes, vous pouvez broder un ensemble de pochettes en les singularisant par différents tons de vert.

Couleur à utiliser

	DMC 367	a

Fournitures

- Toile de lin vert pastel
- Coton Mouliné Spécial DMC
- Bobine de fil de couleur contrastée
- Aiguille
- Dé
- Ciseaux
- Centimètre
- Modèle

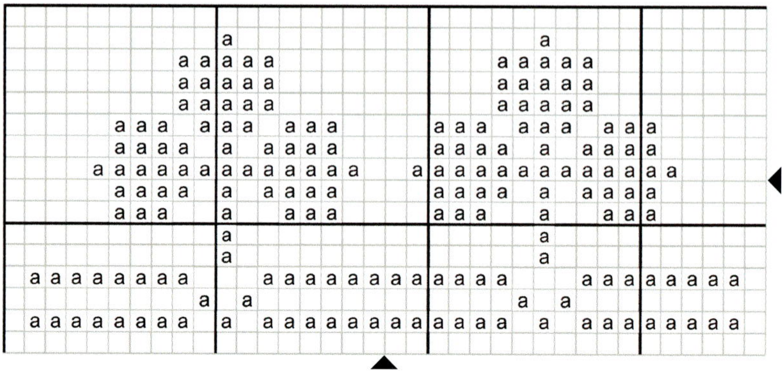

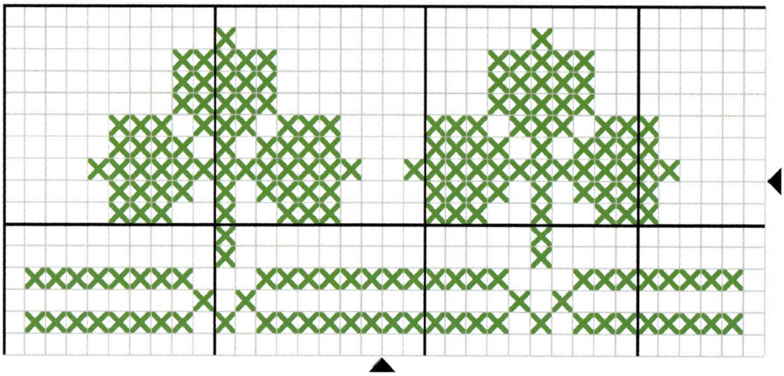

1. Déterminez le centre du motif à broder en pliant la toile en deux et en comptant les carrés formés par deux fils de trame et deux fils de chaîne. Piquez une épingle au niveau du centre de la frise.

2. Au moyen d'un fil de couleur contrastée, ici un fil rouge, faufilez l'axe médian vertical de la pochette et la ligne inférieure de la frise. La broderie est exécutée sur le rabat de la pochette.

3. Pour commencer la frise, exécutez le point isolé le plus élevé du trèfle central, à droite du fil de bâti vertical. Effectuez une deuxième rangée de cinq points. Continuez en suivant le diagramme, auquel vous devez vous référer en permanence. Complétez ainsi toute la moitié droite de la frise.

4. Comptez les fils de la toile de lin séparant le sommet du trèfle central de celui qui se trouve à sa gauche, soit trente fils de trame. Piquez l'aiguille dans le trou précédant le trentième fil, pour broder le premier demi-point, puis piquez-la en biais de haut en bas, en la sortant deux fils de chaîne plus bas et deux fils de trame à gauche, pour compléter le premier demi-point et commencer les points de la rangée suivante. Travaillez avec deux brins de fil.

5. Réalisez ainsi toute la partie centrale du trèfle : un premier point, suivi de trois rangées de cinq points, puis d'une cinquième rangée de trois points, et de six points alignés verticalement. Vous pouvez ensuite continuer à broder la feuille de droite ou la feuille de gauche, ou poursuivre la frise située à la base de la série de trèfles. À certains moments, suivant le stade de progression du travail, vous pouvez poursuivre comme bon vous semble.

6. Vous pouvez, comme ici, choisir de continuer la frise se trouvant à la base des trèfles. Réalisez tout d'abord douze points obliques de gauche à droite, en piquant l'aiguille de haut en bas, puis complétez ces demi-points en travaillant de droite à gauche en piquant l'aiguille toujours de haut en bas.

7. Continuez à broder ainsi la seconde moitié de la frise, du centre vers la gauche. La photographie ci-dessus montre l'aspect que présente l'ouvrage terminé. Cette frise à base de feuilles de trèfle stylisées, facile à réaliser, constitue un motif décoratif original, que vous pourrez utiliser pour orner divers autres éléments ou pour personnaliser un cadeau.

Pour apporter une touche personnelle à l'ouvrage, brodez les initiales de la personne qui utilisera cette pochette comme porte-serviettes. Dans ce cas, étant donné le motif choisi et son emplacement sur le rabat de la pochette, il est préférable de situer ces initiales dans un angle, de préférence dans l'angle inférieur droit, ou au centre du rabat, pour les mettre davantage en valeur et pour qu'elles soient plus facilement repérables.

La pochette a cet aspect une fois la broderie terminée. Ce motif d'une réelle simplicité suffit à la métamorphoser en un élément d'une grande élégance.

6 Abécédaire

Ce ravissant tableau comporte un alphabet, des chiffres, l'année où il a été brodé et le prénom de la personne à qui il est destiné, encadrés d'une jolie frise de cœurs et embellis de délicats motifs floraux. Alphabet et chiffres peuvent être associés à différents motifs, selon le goût de chacun. En mariant les couleurs de façon harmonieuse, on peut réaliser des ouvrages qui sont de véritables œuvres d'art.

Couleurs à utiliser

(rose)	DMC 3832	&
(jaune)	DMC 743	e
(vert)	DMC 3816	+
(bleu foncé)	DMC 158	#
(bleu clair)	DMC 156	¶
(vert pâle)	DMC 3817 Point de piqûre	

Fournitures

- Toile Aïda blanche DMC
- Coton Mouliné Spécial DMC
- Bobine de fil
- Aiguille
- Dé
- Ciseaux
- Centimètre
- Modèle

1. Fixez le fil en le passant sous les fils verticaux de la toile, les fils de chaîne, pour réaliser le premier point oblique, en piquant l'aiguille verticalement de haut en bas. Poursuivez la broderie de chaque cœur et, quand vous avez terminé, arrêtez le fil en le passant sous plusieurs points, sur l'envers de la toile.

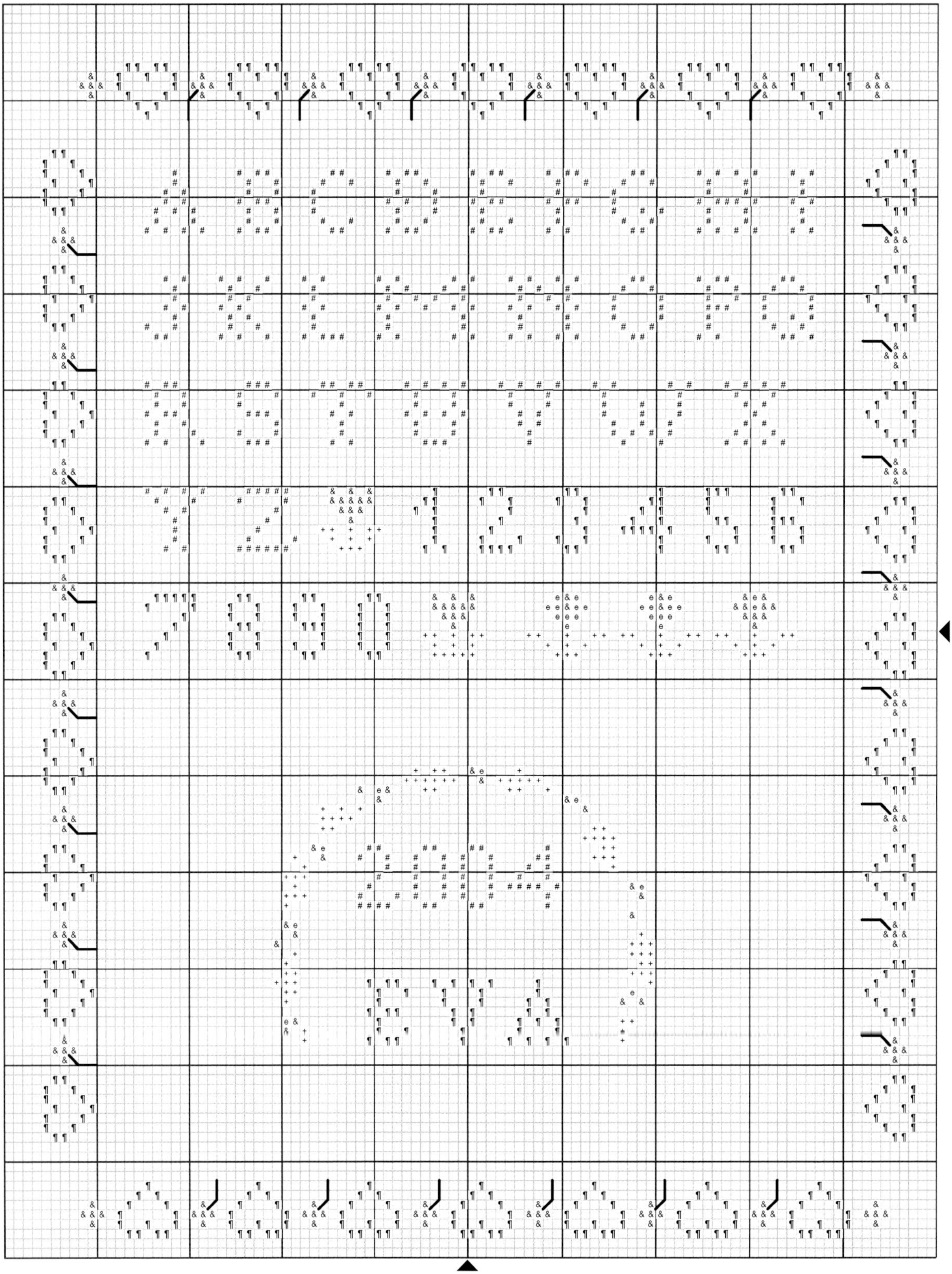

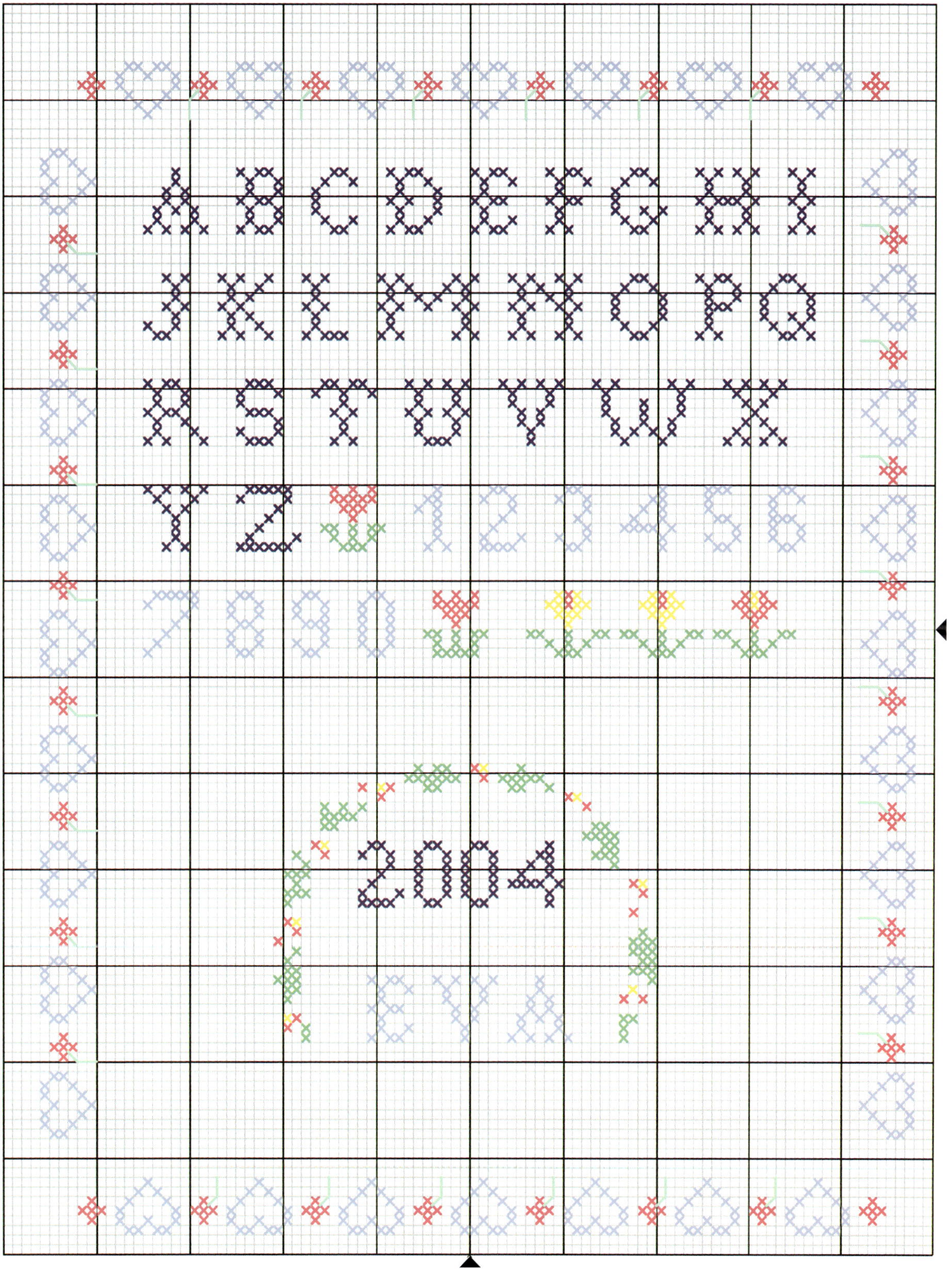
ABCDEFGHI
JKLMNOPQ
RSTUVWX
YZ 123456
7890
2004

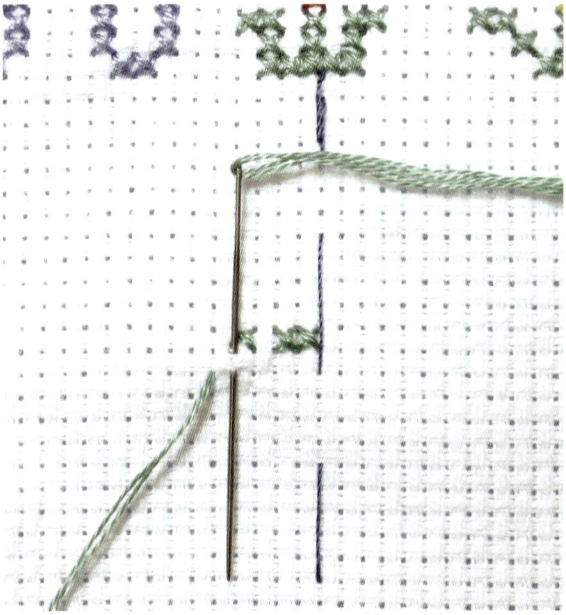

2. Il est très utile de faufiler les axes médians de la toile, car ils servent de référence pour compter correctement les points.

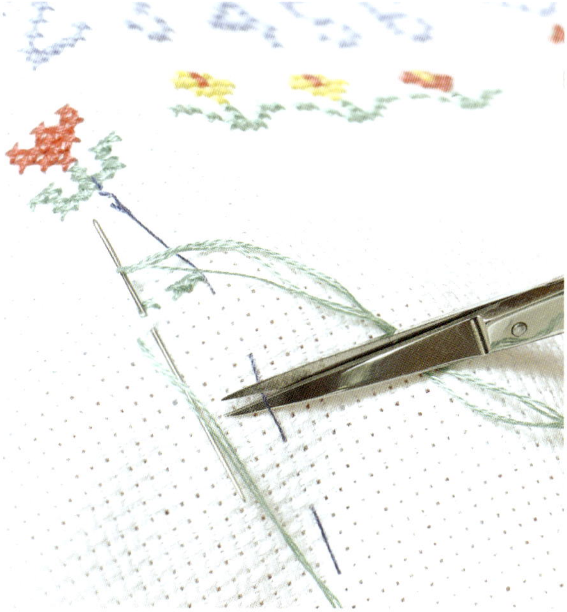

3. Aux endroits où le fil de bâti n'est plus nécessaire, il suffit de couper les points et de tirer sur le fil pour le retirer.

4. Travaillez en brodant chaque élément du motif indépendamment : après avoir brodé chaque lettre, chaque chiffre, chaque fleur, arrêtez le fil et commencez à broder l'élément suivant.

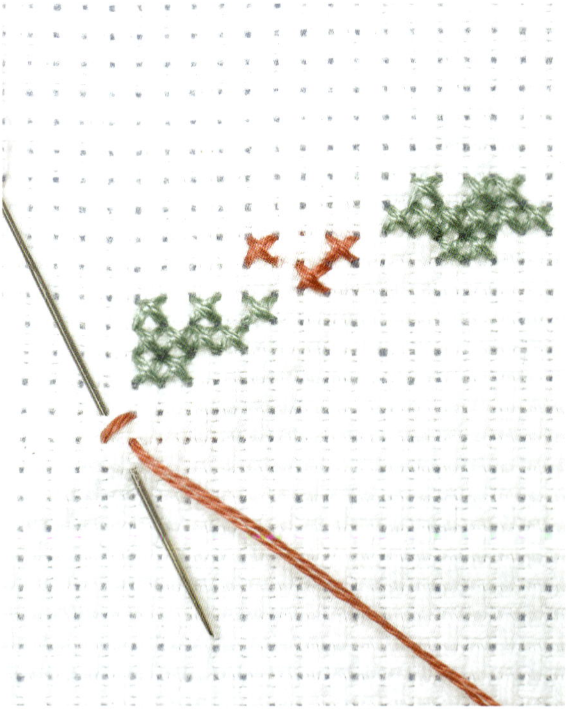

5. Réalisez de la même façon les éléments de la frise en forme d'arc entourant la date et le prénom. Consultez à tout moment le diagramme, pour compter les espaces séparant les points ainsi que le nombre de points.

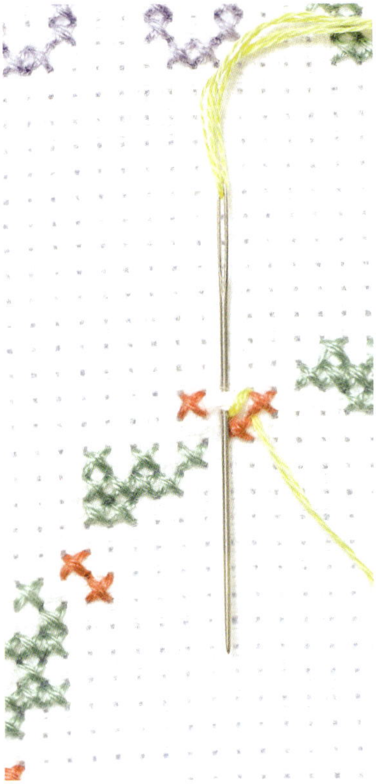

6. Les points de croix isolés sont brodés en une seule fois, comme on le voit ici pour le point réalisé avec le fil DMC 743. Il est formé de deux points en diagonale, que l'on superpose en suivant toujours le même processus. Un premier point en diagonale, de droite à gauche, est recouvert par un second point en diagonale, de droite à gauche.

7. Le point de croix jaune représente le centre du bouton de fleur. Il forme un triangle avec les deux points de croix rouges. La distance entre les points de croix jaunes est trop importante pour qu'ils soient brodés les uns à la suite des autres sans couper le fil. Il faut donc arrêter le fil après chaque point.

8. On a choisi, ici, de débuter par la frise d'encadrement, puis, au centre et en partant d'en haut, l'alphabet, les chiffres et les motifs floraux. D'après la position de l'aiguille, on voit que l'on est en train de broder le premier chiffre de l'année, le 2.

9. Après avoir brodé la courbe du 2, on exécute la série horizontale de points, en travaillant de gauche à droite. D'après la position de l'aiguille, on complète ici le dernier point de ce chiffre.

10. Détail du travail réalisé. Conformément au diagramme, et en suivant toujours la même méthode, on brode tous les chiffres de l'année 2004, puis, au-dessous, les lettres du prénom.

Lorsqu'on passe d'une lettre à l'autre ou d'un chiffre à l'autre, mieux vaut arrêter le fil à chaque fois, à moins que l'espace intermédiaire ne soit ensuite brodé, sinon, le fil transparaîtrait au travers de la toile et resterait visible une fois l'ouvrage terminé.

Une frise donne toujours beaucoup de charme à un ouvrage au point de croix. Les frises peuvent être composées de divers motifs : fleurs, cœurs, étoiles, fruits, feuilles, éléments géométriques, etc. Il est possible, aussi, d'embellir un ouvrage à l'aide de motifs isolés ou formant un groupe.

ABCDEFGHI
JKLMNOPQ
RSTUVWX
YZ 123456
7890
2004
EVA

7 Corbeilles de fruits

Pour donner à une cuisine de style classique un aspect plus chaleureux et la rendre encore plus accueillante, il suffit de la décorer de torchons, essuie-mains, maniques, bordures d'étagères, etc., brodés au point de croix d'un motif traditionnel mais plein de gaieté, comme cette corbeille de fruits, qui peut être répétée en frise. Vous pouvez travailler d'après la photographie ou le diagramme d'un motif classique riche et raffiné et lui donner un aspect plus authentique en le simplifiant et en le brodant dans des couleurs assez vives.

Couleurs à utiliser

	DMC 351	O
	DMC 349	#
	DMC Blanc	W
	DMC 987	&
	DMC 3828	£
	DMC 420	X
	DMC 310 Point de piqûre	
	DMC 987 Point de piqûre	

Fournitures

- Torchon DMC spécial broderie
- Coton Mouliné Spécial DMC
- Bobine de fil
- Aiguille
- Dé
- Ciseaux
- Centimètre
- Modèle

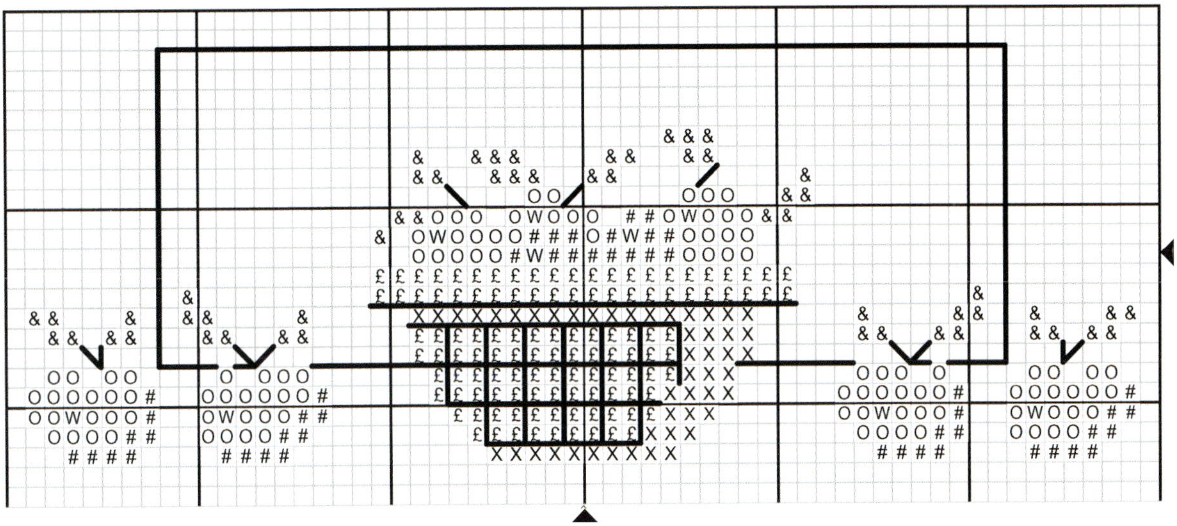

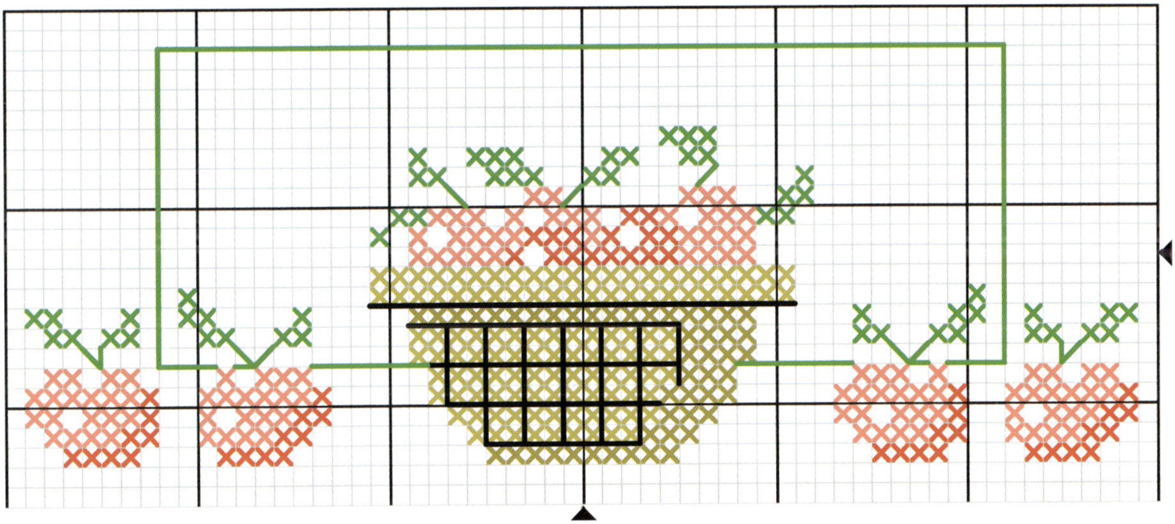

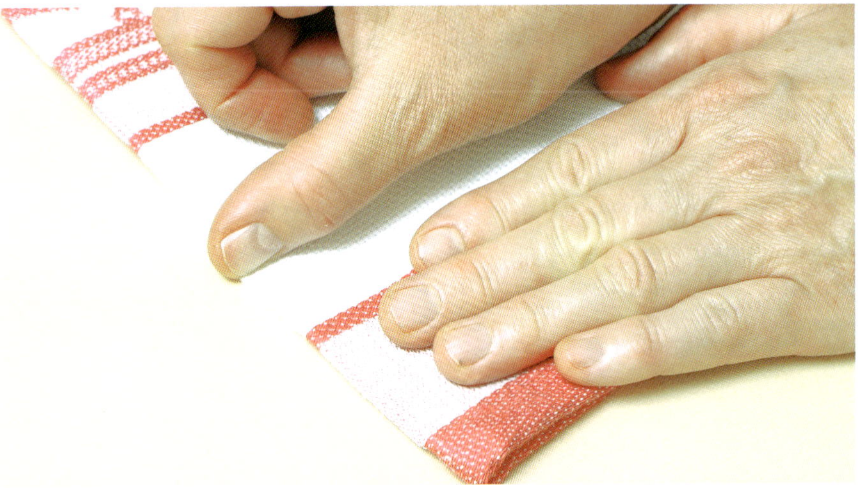

1. Pliez le torchon en deux dans le sens de la hauteur, puis marquez avec l'ongle, en faisant pression sur la toile, le centre de la bande à broder.

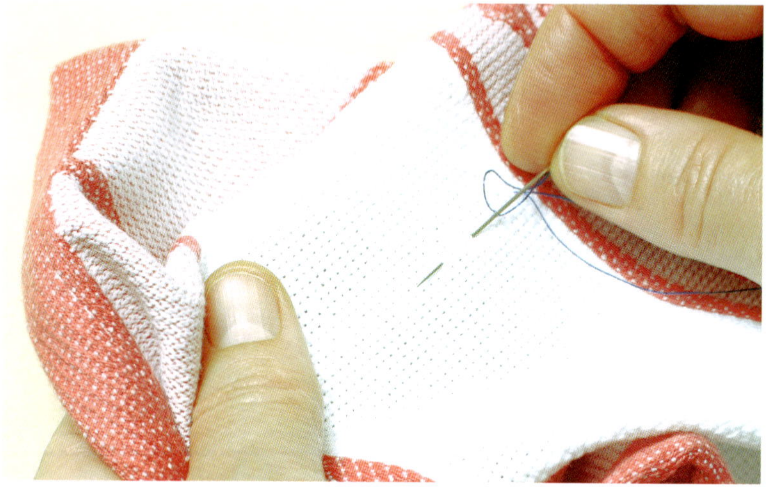

2. Après avoir marqué la pliure centrale de la bande à broder, faufilez cet axe vertical.

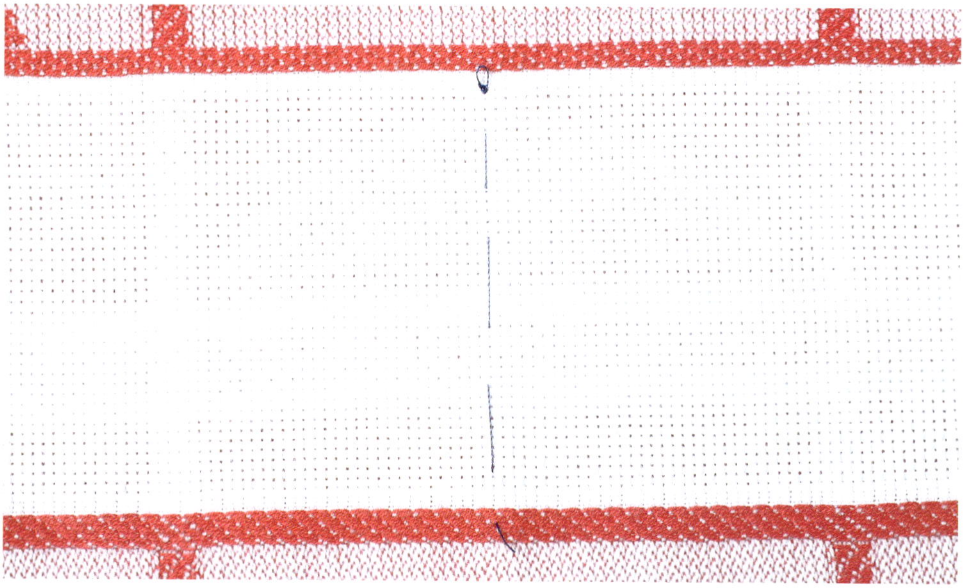

3. Vous pouvez aussi déterminer le centre de la bande du torchon en comptant les carrés. Marquez le centre d'une épingle, puis faufilez l'axe central, pour disposer d'une ligne de référence bien nette.

4. À partir du centre, marqué par le fil de bâti, brodez la première moitié de la frise, du milieu de la bande vers la gauche. Brodez ensuite la seconde moitié en sens inverse, du centre vers la droite.

5. Commencez par le premier fruit de la moitié droite de la frise, à égale distance du centre par rapport au dernier fruit de la moitié gauche.

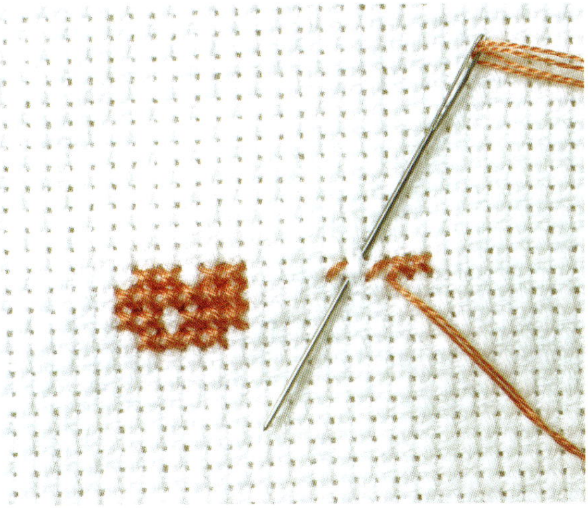

6. Après avoir compté les carrés séparant les pommes, brodez la deuxième pomme, en partant aussi du haut.

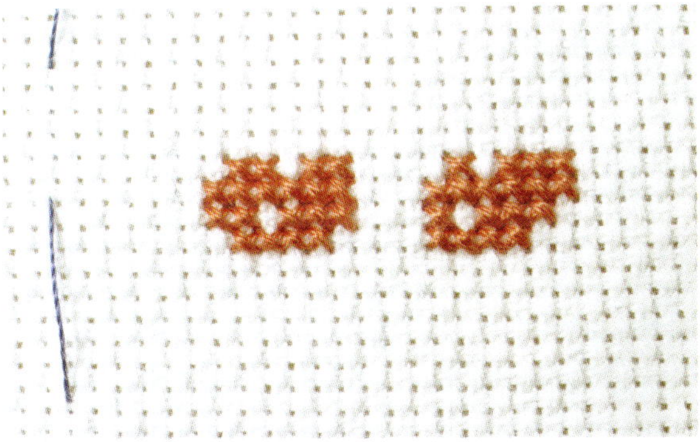

7. La broderie s'effectue toujours du centre vers l'extérieur. Ici, le fil de bâti délimite la moitié droite de la frise, correspondant à la deuxième étape de l'exécution de l'ouvrage.

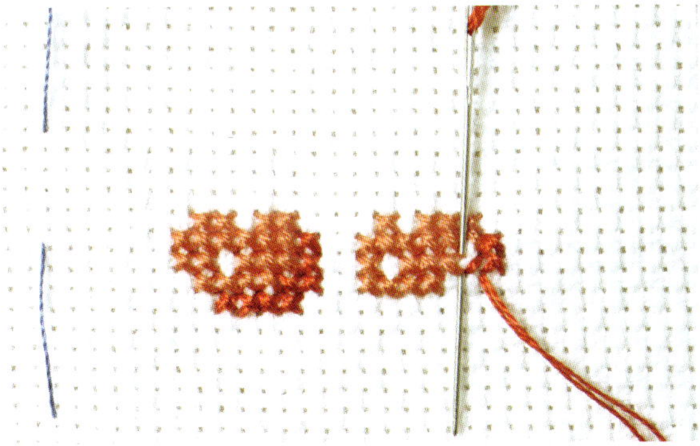

8. La tension du fil doit être la plus régulière possible tout au long du travail. Il ne faut pas tirer excessivement sur le fil, mais simplement l'accompagner.

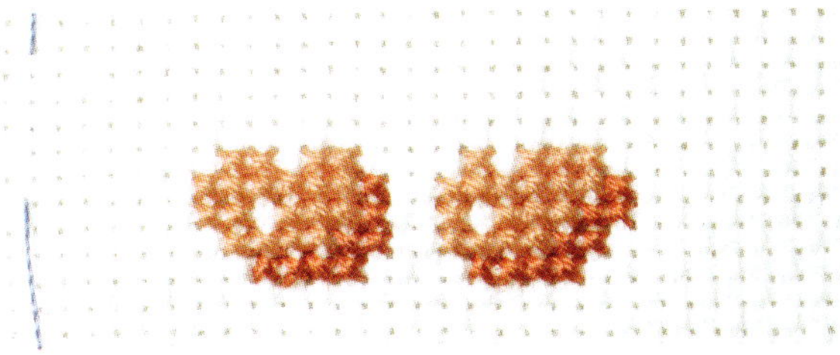

9. Les points trop serrés déforment la toile et les points trop lâches nuisent à la netteté du motif.

10. Quand vous brodez, assurez-vous que vous avez les mains propres. N'oubliez pas que les premiers demi-points, inclinés de droite à gauche, se trouvent toujours sous les demi-points de finition, inclinés de gauche à droite.

11. Poursuivez par la broderie des feuilles, en vous référant toujours au diagramme. Les feuilles de la première pomme comptent sept points de croix et leurs tiges, deux points de piqûre.

12. Les feuilles de la pomme de droite sont composées de huit points de croix et leurs tiges, de deux points de piqûre.

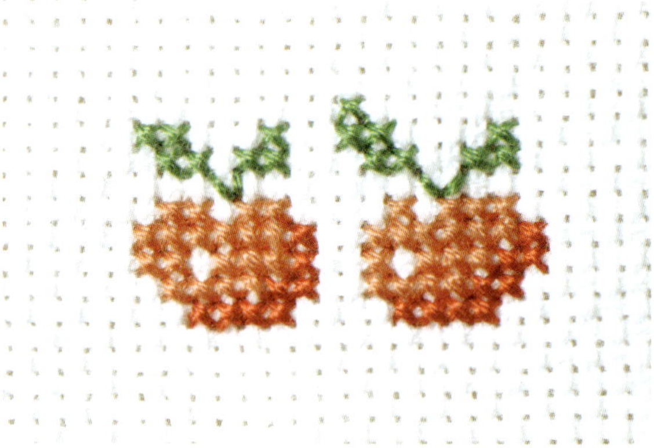

13. Brodez un point de croix blanc dans l'espace laissé sur chaque pomme.

14. Commencez à broder la corbeille par le haut, en exécutant deux rangées de 22 points de croix chacune.

15. Changez de couleur pour la troisième rangée et poursuivez par le bord droit de la corbeille. Vous aurez ainsi moins de mal à compter les carrés pour terminer avec la couleur plus claire.

16. La corbeille est quasiment terminée. Il faut renfiler l'aiguille pour broder la dernière rangée de 9 points de croix brun clair.

17. Avec le point de piqûre, très facile à exécuter, on peut réaliser des lignes de contour et préciser des détails d'une grande finesse. Ici, il sert à mettre en relief le bord et la texture de la corbeille.

18. Nous avons choisi d'introduire ici une légère variante par rapport au schéma du point de piqûre de la première corbeille, comme on peut le voir en se référant à la photographie de l'étape 4. Une fois le point de piqûre terminé, brodez les pommes qui se trouvent dans la corbeille, puis les deux pommes situées à sa droite.

19. La moitié droite de la frise est achevée. Si l'on compare le travail réalisé avec le diagramme, on voit que seul le point de piqûre en diffère légèrement.

20. Il ne reste plus qu'à broder, au point de piqûre, les deux cadres rectangulaires verts. Situez le point de départ en vous référant au diagramme et brodez de gauche à droite, à partir du côté gauche de la corbeille.

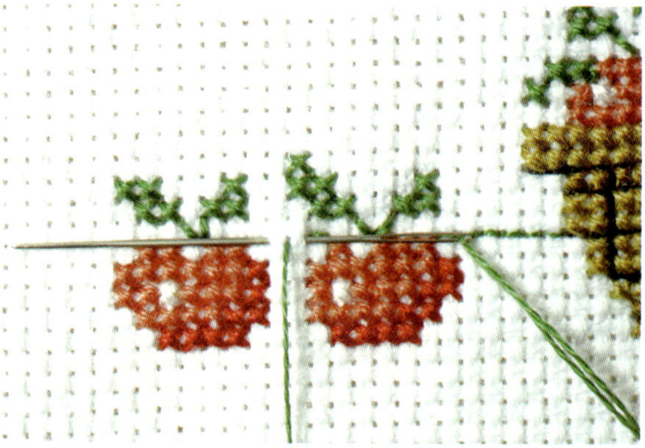

21. Brodez six points jusqu'à la pomme, laissez trois espaces, brodez un point, laissez un espace et brodez les trois derniers points de la ligne horizontale inférieure.

22. Brodez 16 points verticalement, tournez à droite pour broder les 44 points de la ligne horizontale supérieure, puis terminez le cadre en suivant le diagramme.

23. La broderie est achevée. Elle est composée de deux motifs identiques, juxtaposés de façon à former une frise. La broderie, bien que discrète, suffit à égayer, par ses couleurs et son aspect naïf, un torchon imprimé de dessins monochromes. Cet ouvrage montre à quel point il est facile de personnaliser un simple torchon et de lui donner plus de caractère.

La broderie au point de croix est une activité passionnante qui permet, non seulement d'occuper agréablement ses heures de loisirs, mais aussi de réaliser des ouvrages qui ont beaucoup de charme, pour embellir la maison ou faire de magnifiques cadeaux. C'est un agréable passe-temps qui offre de nombreux avantages.